Henry R. Darko

In der Kluft
Stehend

Eine Initiative Gottes

INTERESSANT

GEBETE

In der Kluft Stehend

Eine Initiative Gottes

INTERESSANT

GEBETE

Henry R. Darko

Bibliografische Information der Deutschen Nationalbibliothek: Die Deutsche Nationalbibliothek verzeichnet diese Publikation in der Deutschen Nationalbibliografie; detaillierte bibliografische Daten sind im Internet über http://dnb.dnb.de abrufbar.

Sofern nicht anders angegeben, sind alle Bibelzitate in diesem Buch der King James Version (KJV) der Heiligen Schrift entnommen.

Herstellung und Verlag:
BoD – Books on Demand, Norderstedt.
ISBN: 9783734744327

WIDMUNG

Ich widme dieses Buch dem allmächtigen Gott, weil er für die Wiederherstellung des sündigen Menschen zu seiner Ehre Fürbitte eingelegt hat.

INHALTSVERZEICHNIS

DANKSAGUNGEN

Ich gebe dem allmächtigen Gott alle Ehre und Herrlichkeit für die schönen Dinge, die er in meinem Leben getan hat. Allein durch seine Gnade und Barmherzigkeit konnte ich dieses Projekt beginnen und abschließen. Ich bin auch meinem Erlöser und Hohenpriester, Jesus Christus, dankbar, der immer für mich eintritt. Auch die tägliche Führung durch den Heiligen Geist darf ich nicht vergessen. Ich danke dir, Jehova, für die Kraft und Weisheit, dieses Buch zu schreiben.

Ich danke auch meiner Frau Ama. Sie gab mir großartiges Feedback und ermutigte mich, dieses Projekt zu vollenden.

Schließlich bin ich meinen wunderbaren Kindern dankbar, die mich in allem, was ich tue, zu Höchstleistungen anspornen. Gott segne Sie.

Einführung

In der Kluft Stehend bedeutet, für jemanden zu beten, damit er Gottes Gnade zur Wiederherstellung empfängt (Hesekiel 22:30). Als Adam und Eva im Garten Gottes Gesetze missachteten, indem sie die verbotene Frucht aßen, verloren sie ihre Herrschaft, Gemeinschaft und Verbundenheit mit ihm. Die Rebellion führte zum Sündenfall und zur Trennung von Gott und markierte den Beginn des Elends für die Menschheit (1. Mose 3). Aber Gott wusste das, und deshalb hat er Jesus, den Hohenpriester, als unseren letzten Fürsprecher bestimmt. Später offenbarte sich Jesus als das göttliche Opferlamm, das von Grundlegung der Welt an geschlachtet wurde, um für unsere Erlösung und Wiederherstellung einzutreten (1. Petrus 1, 18-21; Offenbarung 12, 8).

Gott **initiiert** und bestimmt, **wer, was, wann, wie und wo** für seine Herrlichkeit eintritt. Bevor Jesus kam, schloss Gott nach Adams Rebellion Bündnisse mit gottesfürchtigen Menschen, wie **Henoch** und **Noah**. Als die Menschen gediehen und immer zahlreicher wurden, setzte sich der Kreislauf des Ungehorsams fort. So zogen zum Beispiel die Bosheit und Rebellion von Sodom und Gomorrha Gottes Gericht auf sich, aber er fand **Abraham** treu und schloss einen Bund mit ihm. Abrahams Gebet für Sodom und Gomorra war die erste in der Bibel aufgezeichnete Fürbitte. Gott übertrug die Bundesverheißungen von Abraham auf seinen Sohn **Isaak** und seinen Enkel **Jakob** (1 Moses 18, 26-28). Die Nachkommen von Jakobs zwölf Söhnen wurden zu den Israeliten, die in Ägypten versklavt wurden. Nach vierhundertdreißig Jahren beauftragte Gott **Mose** als Propheten, Israel aus der ägyptischen Knechtschaft in das verheißene Land Kanaan zu führen (2. Mose 3,1-18). Mose war ein großer Fürsprecher für die Israeliten während ihrer vierzigjährigen Reise nach Kanaan.

Gott schloss einen Bund mit den Israeliten, dass sie seine Gesetze befolgen und er sie segnen würde. Er ernannte **Aaron** und **seine Nachkommen** aus dem Stamm Levi zu Priestern, die ihm dienten. Sie sollten die Gesetze des Bundes lehren und praktizieren. Gott wies die Priester auch an, Fürsprache einzulegen und Israels Sünden mit dem Blut von Tieren zu sühnen.

Die Priester erfüllten ihre Pflichten in hervorragender Weise. Mit der Zeit setzten sie sich über das Gesetz hinweg und entweihten das Heilige durch Götzendienst und zeigten keine Ehrfurcht vor Gott, indem sie unvollkommene Opfer darbrachten. Sie misshandelten ihre Ehefrauen und Witwen und vernachlässigten die weniger Privilegierten in ihrer Mitte. Neben Erpressung und Raub beuteten sie die fremden Bewohner ungerecht aus, täuschten das Volk und führten Israel in die Irre. Deshalb wies Gott ihre Gebete zurück. Die Priester besudelten ihre Pflichten und versagten in diesem edlen Dienst.

So kam das Gericht Gottes über sie. Er bestrafte zum Beispiel Eli, den Hohepriester, und seine Söhne, weil sie das Opfer verunreinigt hatten. Gott ehrte diejenigen, die seinem Wort gehorchten (1 Sam. 2). So erwählte er den

Stamm Juda und schloss seinen Bund mit dem Geschlecht **Davids** in Israel. Nach Salomos Tod entstanden zwei Königreiche, das nördliche Israel und das südliche Juda. Israel wurde später rückfällig und diente den Götzen.

Wie das abtrünnige Israel wandte sich auch Juda nach und nach von Gott ab und betrieb Götzendienst. Sie verachteten auch den Sabbat, schlossen Bündnisse und suchten Hilfe in Ägypten, wo sie das Gesetz verletzten. Juda wurde zu einem Volk der Sünde und der Ungerechtigkeit, das die Rechte, die Gott ihm gegeben hatte, verschwendete.

Deshalb benutzte Gott Propheten wie **Jesaja** und **Jeremia**, um Juda vor seiner Rebellion zu warnen und Umkehr zu predigen, um Israels drohende Zerstörung abzuwenden.

Als Juda sich jedoch weigerte, auf Gott weitere Warnung zu hören, wurden sie Opfer der babylonischen Gefangenschaft und gingen ins Exil. Dennoch stellte Gott aufgrund seines Bundes mit David einen Überrest von Juda wieder her. Selbst in der Gefangenschaft setzten sich Propheten wie Hesekiel und Daniel für die Wiederherstellung von Juda ein. Obwohl Gott Propheten einsetzte, um Buße zu predigen und Israel zu erwecken, waren die Erweckungen nur von kurzer Dauer, weil das Volk, nachdem es die Freiheit genossen hatte, zu seiner Schlechtigkeit zurückkehrte und der Fürsprecher starb. Außerdem konnte tierisches Blut weder die Erlösung des Menschen bewirken noch das sündige innere Wesen verändern.

Später manifestierte sich Gott im Fleisch als Jesus und opferte sich am Kreuz für die Menschen. Er salbte und bevollmächtigte Jesus mit dem Heiligen Geist für sein irdisches Wirken (Lukas 4,18).

Während seines Dienstes auf der Erde legte Jesus für andere Menschen Fürsprache ein. Er heilte die Kranken, befreite die Gefangenen und befreite einige von Dämonen. Er erfüllte seinen letzten Auftrag, als er Fürsprache einlegte und mit seinem Blut den höchsten Preis für die Sünden der Menschen bezahlte.

Jesus wurde zum **ultimativen Fürsprecher**, weil er die Menschheit von der Knechtschaft der Sünde befreite und die Menschen mit Gott versöhnte. Das konnte das Blut von Tieren nicht leisten (Römer 3,25). Das Opfer Jesu am Kreuz machte die Notwendigkeit von Tieropfern und Brandopfern zunichte. So wurde die Gegenwart Gottes für alle zugänglich, die an seinen Sohn Jesus Christus glauben. Jesus betete nach dem Willen seines Vaters, ohne die Wahrheit zu verletzen, und legte Fürsprache für alle Menschen ein, auch für die, die ihn hassten und verfolgten.

Deshalb hat Gott ihm für seinen Gehorsam einen Namen gegeben, der über allen Namen steht. Jesus sitzt jetzt zur Rechten Gottes und tritt für die Menschheit ein (Philipper 2,6-11). Er machte alle, die an ihn glauben, zu Priestern, um seine Botschaft zu verkünden und für andere Fürsprache einzulegen, im Gegensatz zu den wenigen Gesalbten, die im Alten Testament für Israel zu Gott beten konnten (1. Petrus 2,4-10). Jesus ist der einzige Weg zum Vater, also beten wir durch ihn zu Gott (Johannes 14,6). Seine Apostel legten im Namen Jesu Fürsprache ein, als sie das Evangelium verkündeten. Sie zeigten Mitgefühl und verlangten von den Menschen niemals eine Belohnung für ihre Fürbitte. Gott sorgte auch für all ihre Bedürfnisse, da er die Treue zu seinem Wort im Weinberg belohnt.

Gott bevollmächtigt jeden Gläubigen mit dem Heiligen Geist als unserem Helfer, Tröster, Beistand, Fürsprecher und Fürsprecher durch Jesus. Er hat die Gläubigen auch mit den Gaben des Heiligen Geistes ausgestattet. Dazu gehören Worte der Weisheit, Heilung, Wunder, Glaube und die Unterscheidung der Geister zum Nutzen aller. Er überführt unsere sündigen Herzen, führt uns zur Umkehr und schenkt uns Gerechtigkeit, was zu einer persönlichen Beziehung zu Gott durch Jesus Christus führt. Wenn wir nach der Umkehr gerettet sind, lebt Jesus in unseren Herzen als Siegel unseres ewigen Erbes. Der Heilige Geist lehrt uns auch das Wort Gottes und hilft uns, nach Gottes Willen zu beten. Er hilft uns, die Früchte der Liebe, des Glaubens, des Friedens, der Freude, des Mitgefühls, der Geduld und des Gehorsams hervorzubringen.

Dieses Buch möchte Ihre Aufmerksamkeit auf die Bedeutung von Fürbittgebeten für Gottes Barmherzigkeit und Wiederherstellung lenken. Es kontrastiert, wie das alttestamentliche saisonale Tieropfer für die Fürbitte ein Schatten der ultimativen Fürbitte war, die Jesus am Kreuz mit seinem kostbaren Blut ein für alle Mal für die Menschheit geleistet hat. Die Leserinnen und Leser werden auch erfahren, dass Gott alle Gläubigen in Christus zu Fürsprechern geweiht hat, nicht nur einige wenige wie im Alten Testament, die für ihn eintreten sollen. in der Lücke für seine Barmherzigkeit für diejenigen, die seinen Zorn und sein Gericht sogar verdienen.

Dieses Buch wird Ihnen helfen zu verstehen, wie Sie eine enge Beziehung zu Gott aufrechterhalten und göttliche Eigenschaften wie Heiligkeit, liebevollen Gehorsam gegenüber seinem Wort und völlige Hingabe an wirksame Fürbitte zeigen können. Der heilige Gott hat Protokolle und Normen für seine auserwählten Gefäße, denn niemand kann sich ihm mit Unreinheit nähern. Jesus, der ultimative Fürsprecher, erfüllte alle Bedingungen, um der perfekte Hohepriester zu sein. Er befolgte alle Gesetze Gottes und kommunizierte täglich mit ihm. Deshalb erhörte Gott alle seine Gebete.

Sie werden auch das Modell Jesu für ein wirksames Gebet kennen lernen, das Anbetung, Vergebung, Umkehr, Fasten und Ausharren umfasst, bevor wir unsere Bitten und Flehen vortragen, und Sie werden erfahren, wie sich sein Modell erheblich vom Alten Testament unterscheidet.

Jesus warnt uns davor, unseren Leib, der der Tempel des Heiligen Geistes ist, mit Bösem wie Ehebruch, Unzucht, Mord, Diebstahl, Habgier, Bosheit, Betrug, Lüsternheit, Lästerung, Hochmut und Torheit zu verunreinigen. Sie behindern unsere Gemeinschaft und haben keinen Platz vor Gott. Deshalb wird in diesem Buch erläutert, wie Fürbitter solche Hindernisse für eine wirksame Fürbitte vermeiden und überwinden können.

Die Bibel zeigt deutlich, wie Jesus die ultimative Erweckung der Menschheit anführte, als er für unsere Sünden bezahlte und unsere Herzen mit Gott versöhnte. Das Ziel war es, uns so zu vervollkommnen wie er selbst und beauftragte die Gläubigen, den Dienst der Fürbitte fortzusetzen, um verlorene Seelen zu retten. Dieses Buch lehrt, dass Erweckung allein Gottes Initiative und Veranlagung ist und dass jeder Versuch ohne Jesus scheitern wird. So bringt die Fürbitte Erweckung und stellt Heiligkeit, Gerechtigkeit, Freude, Versöhnung und ein siegreiches Leben auf Erden zur Ehre Gottes wieder her.

Nachdem Sie nun einen Einblick in das Buch erhalten haben, fahren Sie mit dem ersten Kapitel fort, um etwas über Fürbittgebete zu erfahren, die Gott zur Wiederherstellung des Menschen eingesetzt hat. Während Sie dieses Buch lesen, möchte ich Sie ermutigen, den Dienst der Fürbitte anzunehmen, den unser Herr Jesus Christus uns gegeben hat. Gott wird Sie wirklich segnen, wenn Sie für andere in die Bresche springen.

1

Fürbittgebet

Gott hat die Fürbitte für die Wiederherstellung der Menschheit eingeleitet, da unsere Sünden zu Elend und einer Verschlechterung der Beziehung zwischen Gott und Mensch führen . *Ein Fürbittgebet oder eine **Fürbitte** ist eine Bitte um Gottes Barmherzigkeit im Namen anderer, um Wiederherstellung inmitten von Trennung und Elend.* Es geht darum, Gottes Verheißungen im Gebet zu ergreifen, bis man die gewünschte Veränderung sieht.

> *„Darum kann er auch alle retten, die durch ihn zu Gott kommen; denn er lebt ewiglich, um **für sie einzutreten.** " —Hebräer 7:25*

Gott wusste von der Rebellion Adams und Evas im Garten Eden, und so bestimmte er Jesus dazu, für die Menschheit vor der Schöpfung in die Bresche zu springen. Vor dem irdischen Wirken Jesu weihte Gott gottesfürchtige Propheten und Priester mit dem Vorrecht, in seine Gegenwart zu kommen, um Tieropfer zur Sühne der Sünden darzubringen und für sein Volk zu beten. Viele Priester waren treu, andere missachteten Gottes Gesetze und wurden unwirksam.

Zur festgesetzten Zeit opferte Jesus sein sündloses Blut, um für unsere Sünden zu büßen. Er bat Gott um seine Barmherzigkeit für uns und versöhnte uns durch seinen Tod am Kreuz mit Gott. Die Christen, die nun königliche Priester sind, haben direkten Zugang zu Gott, um ihm zu dienen und geistliche Opfer darzubringen. Jesus hat den Gläubigen auch den Dienst der Versöhnung und der Fürbitte zur Ehre Gottes übertragen.

Warum hat Gott die Fürbitte initiiert?

Gott ist heilig und hasst die Sünde. Er hat für die Menschheit Gesetze aufgestellt, die seiner Gerechtigkeit entsprechen und den Gehorsam ihm gegenüber rechtfertigen. Wenn unsere Herzen sich in der Sünde verhärten und sich von Gott entfernen, führt das zu Bestrafung und Trennung von ihm. Als barmherziger Vater hat er die Fürbitte für unsere Wiederherstellung eingesetzt, wenn wir uns von seiner Gegenwart entfernen und unter den Folgen unserer Sünden leiden. Gott beabsichtigt also, Fürsprache zu halten:

- Erlöse den Menschen von Rebellion und Zerstörung;
- Lassen Sie diejenigen frei, die das Gericht Gottes zu Recht verdienen;
- Bieten Sie die Gnade Gottes an, die für Reue und Wiederherstellung notwendig ist;
- Befreit die Gefangenen und die Unterdrückten;
- Den Weg für die Erlösung des Menschen durch Jesus ebnen;
- Sie kommen sowohl dem Fürsprecher als auch dem Bedürftigen zugute.

Gott schuf Adam und Eva nach seinem Bild und Gleichnis. Er setzte sie in den üppigen und idyllischen Garten Eden und schloss mit ihnen den Bund, fruchtbar zu sein, sich zu vermehren und seine heiligen Gebote zu befolgen (1. Mose 1,26). Er gab ihnen die Herrschaft und setzte sie als Herrscher über die Geschöpfe der Erde ein und verbot ihnen, vom Baum der Erkenntnis des Guten und Bösen inmitten des wunderschönen Gartens zu essen.

> *„Und Gott, der Herr, gebot dem Menschen und sprach: Von jedem Baum des Gartens darfst du frei essen: Aber von dem Baum der Erkenntnis des Guten und Bösen sollst du nicht essen; denn an dem Tag, an dem du davon isst, wirst du des Todes sterben.“ – **1 Moses 2:16-17***

Das Paar hatte täglich Gemeinschaft mit Gott. Doch Satan verführte Eva durch eine Schlange, gegen Gottes Gesetze zu rebellieren. Obwohl Gott das Paar segnete, hörte sie auf die Täuschung und zweifelte an Gottes Güte. Sie glaubte Satans Lügen, aß von der Frucht des Baumes der Erkenntnis von Gut und Böse, gab Adam etwas davon und brach den Bund.

Gott schuf Adam und Eva ohne Verderben, aber wegen ihrer Gier verfielen sie der Versuchung und sündigten gegen Gott, was den Tod für ihre Seelen, die Menschheit und die Welt bedeutete. So verloren sie ihre Unschuld, ihre Reinheit, ihre Kameradschaft und ihre Autorität. Gott vertrieb sie aus dem Garten, und ihre Nachkommen und die Menschheit erbten ihre Verderbnis der Sünde. Seitdem hat das Böse die Menschheit versklavt. Die Sünde trennt uns von Gott und macht uns blind für unsere Segnungen (Jesaja 59,1-16). Mit der Zunahme der menschlichen Bevölkerung wuchsen auch das Böse und die Schlechtigkeit, aber Gott suchte sich treue Menschen, die ihn anbeten (1 Mose 1-7).

So wählte und ordinierte Gott **Priester und Propheten**, um in der Lücke zu stehen *und* dem Herrn Bitten für sein Volk vorzutragen. Er identifizierte **gottesfürchtige Menschen** wie Henoch und schloss mit ihnen **Bündnisse**. Doch als es den Menschen gut ging, setzte sich der Kreislauf des Ungehorsams fort. Gott sah, wie groß die Schlechtigkeit der Menschen auf der Erde war und dass jeder Plan, den sie sich ausdachten, immer nur böse war. Er bedauerte es, sie erschaffen zu haben.

Doch Gott erwählte **Noah**, der untadelig und ein gerechter Mann war. Noah fand Gefallen und wandelte mit Gott. Er forderte Noah auf, eine Arche zu bauen, in der seine Frau, seine drei Söhne und deren Frauen sowie je zwei Tiere Platz fanden. Danach löschte Gott alle außer Noah und seiner Familie mit einer Flut aus und schloss einen Bund mit ihm. Nach Noah ging der Ungehorsam der Menschen weiter. Einige versuchten sogar, einen Turm namens Babel zu bauen, um den Himmel zu erreichen. Gott erkannte ihre Arroganz, änderte ihre Sprache und zerstreute sie.

In der Folge schloss Gott einen Bund mit **Abraham** und seinen Nachkommen, aus denen das Volk Israel entstand. Gott versprach, die Menschheit durch einen Nachkommen Abrahams zu segnen. Jesus erfüllte diese Verheißung, als er starb, für unsere Sünden büßte und uns mit Gott versöhnte.

Beispiele für Fürbittgebete im Alten Testament

Gott hat im Alten Testament **Propheten** und **Priester** gesalbt, um für sein Volk Fürsprache einzulegen. Diese treuen Menschen traten in die Bresche, um Gottes Barmherzigkeit für andere auf der Grundlage göttlicher Führung zu erlangen. In der Regel brachten sie bei ihren Fürbitten Tieropfer und Gaben dar. Zum Beispiel:

Abrahams Gebet für Sodom und Gomorrah

Abrahams Fürbitte für die Städte Sodom und Gomorra war das erste in der Bibel aufgezeichnete Fürbittgebet. Gott offenbarte Abraham seine Pläne, die abscheulichen Städte wegen ihrer Rebellion zu vernichten, als er drei reisenden Fremden, dem Herrn und zwei Engeln in Menschengestalt, die ihn begleiteten, Gastfreundschaft gewährte.

> *„²³Da trat Abraham heran und sprach: Willst du auch die Gerechten mit den Gottlosen verderben? ²⁴Vielleicht sind fünfzig Gerechte in der Stadt; willst du auch die Stätte verderben und nicht verschonen für die fünfzig Gerechten, die in ihr sind? ²⁵Es liegt dir fern, so zu tun, daß du die Gerechten mit den Gottlosen tötest; und daß die Gerechten wie die Gottlosen sein sollen, das liegt dir fern: Sollte der Richter aller Welt nicht recht tun? ²⁶Und der Herr sprach: Wenn ich in Sodom fünfzig Gerechte in der Stadt finde, so will ich den ganzen Ort um ihretwillen verschonen. ²⁷Und Abraham antwortete und sprach: Siehe, ich habe mich aufgemacht, mit dem Herrn zu reden, der ich doch nur Staub und Asche bin: ²⁸Vielleicht fehlen fünf von den fünfzig Gerechten; willst du denn die ganze*

Stadt zerstören, weil fünf fehlen? Er sprach: Wenn ich dort fünfundvierzig finde, so will ich sie nicht verderben. ²⁹Und er redete abermals mit ihm und sprach: Vielleicht werden dort vierzig gefunden. Und er sprach: Ich will es nicht um der vierzig willen tun. " - **Mose 18:23-29**

Abrahams Mitgefühl für die Städte Sodom und Gomorrah zeigt, dass er sich um die Gerechten und die Ungehorsamen sorgte. Er wollte, dass Gott die rechtschaffenen Menschen, die in Sodom lebten, verschonte (Amos 3,7-8).

„³⁰ Und er sprach zu ihm: Ach, laß den Herrn nicht zürnen, und ich will reden, vielleicht werden dort dreißig gefunden. Und er sprach: Ich will es nicht tun, wenn ich dreißig dort finde. 31 Und er sprach: Siehe, ich habe mich aufgemacht, mit dem Herrn zu reden: Vielleicht werden dort zwanzig gefunden. Und er sprach: Ich will es nicht verderben um der zwanzig willen. ³²Und er sprach: Der Herr sei nicht zornig, und ich will noch reden, aber nur dieses eine Mal: Vielleicht werden zehn dort gefunden werden. Und er sprach: Ich will es nicht verderben um der zehn willen. " - **Mose 18:31-32**

Die Ungerechtigkeit der Städte machte Lot und seiner Familie zu schaffen, aber Gott bot ihnen an, sie vor seinem drohenden Zorn zu bewahren. Er berücksichtigte die Beharrlichkeit Abrahams, der um Gnade bat, um die Gerechten vor dem drohenden Unheil über die Städte zu retten. Abraham erkannte Gottes Größe und Barmherzigkeit in seiner Bundesgemeinschaft mit ihm respektvoll an. Er verhandelte demütig mit ihm, Sodom nicht zu zerstören, wenn er zehn Gerechte in der Stadt finden würde.

Gott richtet gerecht nach unseren Taten, aber seine Barmherzigkeit rettet die Unverdienten. Er verschonte Lot und seine beiden Töchter und schickte zwei Engel in die Stadt, die sie zerstörten, als sie die geforderten zehn Personen nicht finden konnten. Die Zerstörung der Städte erinnert uns daran, was die Rebellion gegen Gott kostet. Sünde hat Konsequenzen, obwohl Gott liebevoll und barmherzig ist. Die Städte frönten der sexuellen Unmoral und Perversion. Gott hat Freude an unserem mutigen, aber demütigen Wunsch, für andere Menschen einzutreten. Wir müssen also keine Gelegenheiten ausschlagen, sondern uns in Demut für andere einsetzen.

Abrahams Fürbitte für Abimelech

Abraham reiste zwischen Kaldasch und Schur umher und blieb in Gerar. Er traf eine schreckliche Entscheidung, indem er seine Frau Sarah als seine Schwester ausgab, um Angriffe der Männer von Gerar zu vermeiden. Als der König von Gerar, Abimelech, davon erfuhr, brachte er Sara in seinen Palast und wollte sie als seine Frau behalten. Doch Gott warnte Abimelech, dass er in einem Traum die Frau eines Propheten genommen hatte. Abimelech bat um Gnade, weil er sie in Unschuld genommen hatte, und Gott hinderte ihn daran, Sara anzurühren.

> *„⁷ So gib nun dem Manne sein Weib zurück; denn er ist ein Prophet, und er wird für dich beten, und du wirst leben; gibst du sie aber*

*nicht zurück, so sollst du wissen, dass du sterben wirst, du und alle, die dein sind. „ - **Genesis 20:7**

Gott bat Abraham, für Abimelech und sein Haus zu beten, als er Sara wieder zu Abraham zurückbrachte.

„ ¹⁷ Da betete Abraham zu Gott, und Gott heilte Abimelech, seine Frau und seine Mägde, und sie gebaren Kinder.“ - **Genesis 20:17**

Daraufhin betete Abraham, und Gott heilte König Abimelech, seine Frau und alle Mägde und öffnete die Gebärmutter von allen in Abimelechs Haushalt, so dass sie Kinder bekamen (1. Mose 20,1-18). Deshalb müssen wir Gott erlauben, unser Herz zu beherrschen, um Sünde zu vermeiden, wenn wir für ihn leben und für diejenigen beten, die uns verachten und unseren Segen begehren. Gott hat uns gewarnt, nicht auf Rache zu sinnen und gegen niemanden einen Groll zu hegen, sondern unseren Nächsten zu lieben wie uns selbst, denn er ist der Herr. Die Heilige Schrift sagt auch: Wenn dein Feind hungrig ist, gib ihm Brot zu essen, und wenn er durstig ist, gib ihm Wasser zu trinken, denn du wirst glühende Kohlen auf sein Haupt streuen.

Hiobs Fürbitte für seine Freunde

Hiob war ein reicher Mann, der in Uz lebte. Er war untadelig und aufrichtig vor Gott. Die Bibel sagt, dass Hiob gewöhnlich für seine Kinder betete, nachdem sie in ihren Häusern Feste gefeiert hatten. Bei diesen Festen brachte er Brandopfer dar, um für das Fehlverhalten seiner Kinder zu büßen.

Gott rühmte Hiobs Rechtschaffenheit, aber Satan widersprach und sagte, Hiob fürchte Gott nur, weil er ihn mit Reichtum und Schutz gesegnet habe. Satan erwähnte außerdem, dass Hiob Gott verfluchen würde, wenn er ihm diese Segnungen entziehen würde. So erlaubte Gott dem Satan, Hiob zu quälen, und er verlor alles, was er besaß, einschließlich seiner Kinder. Doch Hiob segnete Gott trotz seiner Verluste. Besiegt bat der Satan Gott um die Erlaubnis, Hiob mit Wunden zu belegen. Doch trotz seines Leidens zweifelte Hiob nie an Gottes Treue, selbst als seine Frau sagte, er solle Gott verfluchen und sterben.

Eliphas, Bildad, und Zophar, die drei Freunde Hiobs, kamen ihn besuchen und trauerten sieben Tage lang in Stille. Danach stritten sie sich mit Hiob über die Ursache seiner misslichen Lage. Als Hiob auf seiner Unschuld beharrte, beschuldigten sie ihn zu Unrecht, unter den Folgen seiner Sünden zu leiden. Daraufhin wurde Hiob bitter und bat Gott, ihm seine Sünden zu zeigen, wenn er ihn beleidigt habe. Daraufhin griff Gott ein und stellte Hiob wegen seiner selbstgerechten Haltung zur Rede. Hiob sah Gottes Großartigkeit und erkannte seine Unwürdigkeit. Die Offenbarung des Herrn erschütterte Hiobs Selbstgerechtigkeit. Er begriff, dass sein Wissen über Gott unvollkommen und verzerrt war. Gott demütigte ihn, und er tat Buße.

*„Ich habe mit dem Ohr von dir gehört, aber nun sieht dich mein Auge. Darum verabscheue ich mich und bereue es in Staub und Asche." — **Job 42:5-6***

Später betete Hiob für seine Freunde, wie der Herr es ihm aufgetragen hatte, weil der Herr ihre Gebete nicht annehmen wollte. Wie Hiob müssen auch wir für **unsere Freunde Fürsprache einlegen**, selbst wenn sie uns verleumden. Während Hiob litt, betete er für seine Freunde, und sie erhielten Segnungen, die keiner von ihnen verdiente.

Der Herr kann die Herzen derer verändern, die uns Unrecht getan haben, wenn wir ihnen vergeben und für sie beten. Hiobs Bedrückung und Enttäuschung endeten, nachdem der Herr seine Fürbitte angenommen hatte. Gott stellte Hiob nicht aufgrund seiner Gerechtigkeit wieder her, sondern durch die Barmherzigkeit des Herrn.

> *„⁸So nehmt nun sieben Stiere und sieben Widder und geht hin zu meinem Knecht Hiob und opfert für euch ein Brandopfer, und mein Knecht Hiob soll für euch beten; denn ich will ihn annehmen, damit ich nicht mit euch verfahre nach eurer Torheit, dass ihr nicht von mir geredet habt, was recht ist, wie mein Knecht Hiob. ⁹Da gingen Eliphas, der Temaniter, und Bildad, der Schuiter, und Zophar, der Naamathiter, hin und taten, wie der HERR ihnen geboten hatte; und der HERR nahm auch Hiob an. ¹⁰Und der HERR wendete die Gefangenschaft Hiobs, als er für seine Freunde betete; und der HERR gab Hiob doppelt so viel, wie er vorher hatte."* — ***Hiob 42:8-10***

Gott stellte Hiobs Segen gnädig wieder her, nachdem Hiob sich für seine Freunde eingesetzt hatte. Gott verdoppelte Hiobs Wohlstand. Es ist also notwendig, für Freunde oder Feinde zu beten, selbst in Zeiten der Anfechtung, und Gott wird uns von allem befreien, was uns gefangen hält.

Mose legt Fürsprache für Israel ein

Gott erwählte **Mose als Führer, Prophet und Fürsprecher**, um Israel aus der Gefangenschaft in Ägypten nach Kanaan zu führen. Mose war Gottes Sprecher für Israel während des Exodus. Er flehte sie oft an, sich von ihren vielen Sünden abzuwenden, um Gottes Zorn zu verhindern. Er warb um Gottes Gnade für Israel, indem er Gott an seine Verheißungen an Abraham, Isaak und Jakob erinnerte. Auf diese Weise veränderten seine zahlreichen Fürbitten Israels Laufbahn zum Guten. Er erhielt auch göttliche Weisungen für seine priesterlichen Aufgaben und baute und richtete die Stiftshütte ein, einen vorübergehenden Ort der Anbetung. Gottes Herrlichkeit erfüllte das Allerheiligste des Heiligtums während des Durchzugs durch die Wüste in das Gelobte Land. Nachdem die Israeliten Ägypten verlassen hatten, schlugen sie ihr Lager am Berg Sinai auf. Dort legte Mose am Berg Sinai eine bemerkenswerte Fürbitte ein, als Israel die Güte des Herrn vergaß und dem Götzendienst frönte. Diese schreckliche Sünde brachte das ganze Volk in eine katastrophale Lage, denn Gott wollte es vernichten. Doch Mose schritt ein und bat um seine Gnade.

Mose war auf den Berg des Herrn gestiegen und hatte 40 Tage und Nächte damit verbracht, die Tafeln mit den Zehn Geboten von Gott zu empfangen. Aus Verzweiflung über die verspätete Rückkehr des Mose ins Lager zwangen die Israeliten Aaron, den Bruder des Mose, ein goldenes Kalb zu formen. Sie beteten das gegossene Bild an, da sie das Schicksal ihres Anführers nicht kannten, und erklärten es zu ihrem Gott, der sie aus Ägypten befreit hatte, und zu einem Helfer, der ihnen den Einzug in das Gelobte Land ermöglichte. Die Götzenanbetung war ein unverzeihlicher Greuel, denn das

Volk betrachtete das Kalb als seinen Gott, entgegen seinem Versprechen, allein Gott zu dienen (Exodus 17). So machte Gott Mose bei der Begegnung am Fuße des Berges auf das götzendienerische Verhalten Israels aufmerksam. Er teilte ihm auch seine Absicht und sein Urteil mit, sie auszulöschen. Als Mose vom Berg herabstieg und ihre Als Mose vom Berg herabstieg und ihre bösen Taten sah, zerschmetterte er die Gesetzestafeln, als er die Untreue des Volkes sah. Danach zwang Mose die Israeliten, den mit Wasser vermischten Schimmel des Erdgötzen zu trinken. Schließlich tötete er 3 000 Götzendiener mit Hilfe des frommen Stammes der Levi. Dann blieb Mose in der Bresche und flehte in herzzerreißenden Bitten zu Gott.

„[11]*Und Mose flehte den HERRN, seinen Gott, an und sprach: HERR, warum ergrimmt dein Zorn über dein Volk, das du mit großer Kraft und mächtiger Hand aus Ägyptenland geführt hast?* [12] *Warum reden die Ägypter und sagen: Er hat sie um des Unheils willen herausgeführt, um sie auf den Bergen zu erschlagen und vom Erdboden zu vertilgen? Wende dich ab von deinem grimmigen Zorn und tue Buße von diesem Übel an deinem Volk.* [13]*Gedenke an Abraham, Isaak und Israel, deine Knechte, die du verschont hast und zu ihnen gesagt hast: Ich will euren Samen mehren wie die Sterne am Himmel, und alles Land, von dem ich geredet habe, will ich eurem Samen geben, und sie sollen es erben in Ewigkeit.* [14]*Und den Herrn reute das Übel, das er zu tun gedachte.“* — ***Exodus 32:11-14***

Die innige Gemeinschaft zwischen Mose und Gott machte ihn zu einem wirksamen Fürsprecher. Seine Liebe zu seinem Volk, seine Demut und seine Ehrfurcht vor dem Herrn waren offensichtlich, ebenso wie seine Selbstlosigkeit und Hingabe an den Herrn. Die Bereitschaft des Moses, sich selbst zu opfern und für das rebellische und götzendienerische Israel Fürsprache einzulegen, muss uns inspirieren, **für ungehorsame Seelen zu beten.**

In seinem Gebet appellierte er an Gottes Barmherzigkeit, die auf seinen Verheißungen an Abraham, Isaak und Jakob beruhte. Durch sein Eingreifen bewahrte Gott das Volk vor der Zerstörung. Mose zeigte auch dienende Führung. Wir müssen für Menschen mit Gottes Wort Fürsprache einlegen, auch wenn sie unwürdig sind.

Gebet für Miriam

Miriam war die Tochter von Amram und Jochebed. Sie war die ältere Schwester von Mose. Als Jochebed, ihre Mutter, den kleinen Mose in einem Korb auf den Nil setzte, um dem Tod durch den König von Ägypten zu entgehen, wachte sie aus der Ferne über ihren Bruder. Die Tochter des Pharaos fand das Baby im Fluss und adoptierte es. Miriam führte die Prinzessin zu Jochebed, die sich als Kindermädchen zur Verfügung stellte.

Miriam spielte eine wichtige Rolle in der Geschichte Israels und Moses'. Sie leitete einen Festtanz, nachdem die Israeliten Ägypten verlassen und das Rote Meer durchquert hatten. Alle Frauen folgten der Prophetin Mirjam, als sie auf der Pauke spielte und tanzte, nachdem die Ägypter beim Auszug aus Ägypten ins Gelobte Land im Roten Meer ertrunken waren.

Doch während der Reise durch die Wüste stellten Mariam und Aaron Mose in Frage, weil er eine Äthiopierin geheiratet hatte. Sie missfiel Gott auch, weil sie Moses Führung über Israel in Frage stellte. Gott rief Mose, Aaron und Miriam in einer Wolkensäule zu sich ins Zelt der Begegnung. Gott tadelte Aaron und Mirjam dafür, dass sie gegen seinen treuen Diener Mose gesprochen hatten (Numeri 12,7-8). Aaron und Mirjam erkannten ihre Sünden sofort, als Gott Mirjam mit Aussatz belegte.

Mose wollte sich nie für ihre Verleumdung rächen. Stattdessen kümmerte er sich um seine Geschwister und legte Fürsprache für sie ein. Deshalb erhörte Gott die Bitte den Mose und heilte Miriam nach sieben Tagen. Gott hasst Unordnung. Deshalb befiehlt er uns, uns der Autorität zu unterwerfen. Wir müssen unsere Führungskräfte dabei unterstützen, die gemeinsamen Ziele zu erreichen. Führungskräfte müssen auch bereit sein, zu vergeben und für diejenigen zu beten, die sie führen.

Das Gebet des Mose für Israel in Rephidim

Nachdem die Israeliten Ägypten verlassen hatten, waren die Amalekiter die erste Gruppe, die Israel herausforderte und mit ihnen kämpfte. Als Israel in Rephidim lagerte, griffen die Amalekiter Israel von hinten an und nahmen auf ihrer Reise alte Leute und Kinder aus der Menge mit. Die Amalekiter, Nachkommen von Esau, waren ein alter Nomadenstamm, der als Feind Israels beschrieben wird.

Mose beauftragte Josua, Männer für den Kampf gegen die Amalekiter auszuwählen. Im Kampf zogen Mose, Aaron und Hur auf die Spitze des Hügels. Israel gewann, wenn Mose seine Hand hochhielt, aber die

Amalekiter siegten, wenn er sie sinken ließ. Mose wurden die Hände schwer, also setzte er sich auf einen Stein, während Aaron und Hur seine Hände stützten, bis die Sonne unterging. Auf diese Weise besiegte Josua die Amalekiter mit dem Schwert (Exodus 17). Später wies Gott Mose an, das Ereignis zum Gedenken zu dokumentieren, damit die Israeliten es nicht vergessen würden. Er versprach den Amalekitern wegen ihrer Bosheit die Vernichtung.

> *„¹¹So kämpfte Josua gegen die Amalekiter, wie Mose es befohlen hatte, und Mose, Aaron und Hur gingen auf die Spitze des Hügels. Solange Mose seine Hände hochhielt, siegten die Israeliten, aber immer wenn er seine Hände senkte, siegten die Amalekiter. Als die Hände des Mose müde wurden, nahmen sie einen Stein und legten ihn unter ihn, und er setzte sich darauf. Aaron und Hur hielten seine Hände hoch - einer auf der einen Seite, einer auf der anderen -, so dass seine Hände bis zum Sonnenuntergang ruhig blieben." —*
> ***Exodus 17:11, 12***

Danach baute Mose einen Altar in Rephidim und nannte ihn Jehova Nissi. Gott lehrte Israel, dass er allein Schutz und Sieg gibt.

> Wir können uns nur dann über unsere Feinde und Situationen erheben, wenn wir uns auf Gott verlassen.

Mose betet für den Pharao

Israel war vier Generationen lang in Ägypten geblieben, hatte an Bevölkerung und Reichtum zugenommen und wurde zu einer Bedrohung für den Gastgeber. Aus Angst vor einer Revolte versklavte ein neidischer ägyptischer König das Volk immer weiter. Gott sandte Mose, um sein Volk aus der Sklaverei zu befreien.

> *„¹Da sprach der Herr zu Mose: Geh zum Pharao und sage ihm: So spricht der Herr: Lass mein Volk ziehen, damit sie mich anbeten können. ²Wenn du dich weigerst, sie ziehen zu lassen, werde ich dein ganzes Land mit Fröschen plagen. ³Der Nil wird von Fröschen wimmeln. Sie werden in deinen Palast, in dein Schlafzimmer und auf dein Bett steigen, in die Häuser deiner Beamten und auf dein Volk, in deine Öfen und Knettröge. ⁴Die Frösche werden über dich, dein Volk und alle deine Beamten heraufsteigen.“ — Exodus 6:1-4*

Dennoch hörte der Pharao nicht auf Gottes Intervention, sein Volk ziehen zu lassen, bis er Ägypten mit einer Reihe von Plagen heimsuchte. Der Pharao bat Mose um Hilfe.

> *„³¹Da rief der Pharao Mose und Aaron zu sich. Diesmal habe ich gesündigt, sagte er zu ihnen. Der Herr ist im Recht, und ich und mein Volk sind im Unrecht. ²⁸Betet zum Herrn, denn wir haben schon genug Donner und Hagel gehabt. Ich werde euch gehen lassen; ihr müsst nicht länger bleiben.“ - Exodus 12:31-32*

Mose griff ein, indem er seine Hände zum HERRN AUSSTRECKTE; der Donner und der Hagel hörten auf, und der Regen ergoss sich nicht mehr über das Land. Außerdem hörten die Frösche, der Regen, der Hagel, der Donner, die Heuschrecken und die Dunkelheit auf.

Fürbitte in der Wildnis von Paran

Mose sandte Spione aus jedem Stamm Israels aus, um das Land Kanaan zu erkunden. Zwei von zwölf Kundschaftern kehrten mit einem ausgezeichneten Bericht zurück. Die anderen jedoch entmutigten das Volk mit ihren schlechten Berichten. Sie warnten, Israel könne das Land nicht einnehmen, weil die Bewohner Riesen seien, die in befestigten Städten lebten. Die Israeliten erhoben ihre Stimme und weinten bitterlich in den Zelten, als sie den negativen Bericht der zehn Kundschafter hörten.

In ihrer Wut und Verwirrung hielten sie es für besser, in Ägypten zu sterben, als in der Wüste durch die Bewohner Kanaans umzukommen. Als Mose und Aaron die Klage der Israeliten über ihren Wunsch, nach Ägypten zurückzukehren, hörten, fielen sie vor der ganzen Gemeinde der Israeliten vor Kummer auf die Knie. Sie beklagten sich über Israels mangelnden Glauben, dass Gott kämpfen und sie von ihren Feinden befreien und ihnen das verheißene Land geben würde.

> *„[11]Und der Herr sprach zu Mose: Wie lange wird dieses Volk mich noch verachten? Und wie lange werden sie sich weigern, an mich zu glauben, trotz aller Zeichen, die ich unter ihnen getan habe? Ich will sie mit Pestilenz schlagen und sie enterben, und ich will aus euch ein Volk machen, das größer und mächtiger ist als sie." —* ***Numeri 14:11-12***

Doch wegen Israels Rebellion bei Kadesch-Barnea wollte Gott sie mit der Pest heimsuchen, sie enterben und Mose zu einem bedeutenderen und mächtigeren Volk als Israel machen (Numeri 14,2). Gott sagte zu Mose:

„Nun lass mich in Ruhe, damit mein Zorn gegen sie entbrennt und ich sie vertilge, und aus dir will ich ein großes Volk machen" (Exodus 32,10). Mose war nicht amüsiert, sondern legte Fürsprache für das Volk ein. Er bat den Herrn, ihnen ihr rebellisches Verhalten zu verzeihen. Er sagte Gott, dass die Ägypter dem Volk von Kanaan erzählen würden, dass Gott Israel mit großer Macht aus Ägypten herausgeführt hatte, aber das Volk nicht nach Kanaan bringen konnte, weshalb er es in der Wüste tötete. Mose sagte nicht, dass die Bestrafung Israels ungerecht war. Gott enterbte das Volk nicht als Antwort auf Moses Gebet, aber die Generation derer, die sich gegen Gott auflehnten, mit Ausnahme von Josua und Kaleb, kam nicht in das verheißene Land.

> „*[17]Und nun, ich bitte dich, lass die Macht meines Herrn groß sein, wie du gesagt hast: Der HERR ist langmütig und von großer Barmherzigkeit und vergibt Missetaten und Übertretungen und stellt die Schuld nicht frei und sucht die Missetaten der Väter bei den Kindern heim bis ins dritte und vierte Glied. [19] Vergib die Missetat dieses Volkes nach der Größe deiner Barmherzigkeit, wie du diesem Volk vergeben hast von Ägypten an bis jetzt. [20] Und der HERR sprach: Ich habe verziehen nach deinem Wort.*" - **Numeri 14:17-20**

Darüber hinaus zeigt das Gebet des Mose für das rebellische Israel die Macht des Gebets und wie die Fürbitte schlimme Situationen umkehren kann.ir können die Gnade und Barmherzigkeit Gottes erlangen, wenn wir beten. Gott will nicht, dass jemand wegen seiner Sünde zugrunde geht, deshalb setzt er Fürsprecher ein, die für ihn eintreten.

Rebellion gegen Mose und Fürbitte

Korach, Dathan und Abiram rebellierten zusammen mit 250 Verschwörern gegen die Führung und das Priestertum von Mose und Aaron. Gott bestrafte sie und ihre Familien. Daraufhin versammelte sich das Volk Israel gegen Mose und Aaron und gab ihnen die Schuld am Tod von Korah und seinen Gefolgsleuten. Gott bestrafte sie mit einer Plage, aber Mose und Aaron setzten sich für sie ein, und die Plage hörte auf.

Außer denen, die in Korahs Affäre starben, starben 14.700 an der Pest. Furcht und Neid verursachten einen Aufstand gegen Mose, aber er setzte sich inbrünstig für die Verheißungen und die Herrlichkeit Gottes ein. Als die Plage unter dem Volk ausgebrochen war, opferte Aaron Weihrauch und sühnte für sie. Als er zwischen den Lebenden und den Toten stand, hörte die Plage auf.

Außerdem murrten die Israeliten gegen Gott und Mose, weil sie kein Wasser hatten. Sie sagten, Mose hätte sich gewünscht, dass sie gestorben wären, als ihre Brüder vor dem Herrn tot umfielen. Sie wollten wissen, warum Mose sie aus Ägypten in die Wüste geführt hatte. Wegen ihrer Klagen und ihres Unglaubens schickte Gott giftige Schlangen unter das Volk, und viele Israeliten starben. Die Israeliten kamen zu Mose und sagten: „Wir wissen, dass wir gesündigt haben, als wir gegen den Herrn und dich sprachen. Betet zu dem Herrn. Bittet ihn, dass er diese Schlangen wegnimmt." Also betete Mose für sie. Aaron und Mose fielen vor dem Zelteingang auf ihr Gesicht, und Gott erschien ihnen. Auch er betete, und die Plage der feurigen Schlangen hörte auf.

Später schloss Gott einen Bund mit den Israeliten und gab ihnen Gesetze, die sie befolgen mussten, um im verheißenen Land gesegnet zu werden. Schwierige Umstände dürfen uns nicht dazu verleiten, zu murren oder den Charakter Gottes in Frage zu stellen, sondern wir müssen darauf vertrauen, dass er siegen wird.

Priestertum und Fürbitte in Israel

Das Priestertum und die Aufgaben der Fürbitte begannen offiziell, nachdem Gott Israel aus der Sklaverei in Ägypten befreit hatte. Sie brauchten einen Vermittler, der für ihre Sünden büßte. Gott wählte und weihte Aaron und seine Nachkommen aus dem Stamm Levi zu Priestern, die für Israel Fürsprache einlegen sollten.

*„⁶Und ihr sollt mir ein Königreich von Priestern und ein heiliges Volk sein. Dies sind die Worte, die du zu den Israeliten sprechen sollst." — **Exodus 19:6***

Aaron war der Assistent von Mose. Gott wählte auch die Leviten für den Dienst im Tempel aus, weil sie ihm ihre Treue erklärten, nachdem Mose vom Berg Sinai zurückgekehrt war und die Gräuel Israels gesehen hatte. Mose bot den Israeliten die Möglichkeit, sich zu entscheiden und dem Herrn zu dienen. Die Leviten stellten sich auf die Seite von Mose und dem Herrn. Außerdem waren sie der einzige bedeutende Stamm, der sich nach dem Vorfall mit dem goldenen Kalb für die Sache Gottes einsetzte. So wurde Aaron der erste Hohepriester und der Stammvater Israels.

„Und nimm dir Aaron, deinen Bruder, und seine Söhne mit ihm, aus den Kindern Israel, damit er mir im Priesteramt dient, nämlich

Aaron, Nadab und Abihu, Eleasar und Ithamar, Aarons Söhne. " —
Exodus 28:1

Gott erlaubte nur den Priestern, vor ihm zu dienen. Er wies die Priester auch an, das Gesetz zu lernen und zu lehren und sich mit ihren Gebetsanliegen für Israel an ihn zu wenden. Der Hohepriester sühnte die Sünden des Volkes alljährlich vor dem Gnadenstuhl durch Besprengen mit Tierblut. Später, als die Priester bei diesem edlen Auftrag versagten, ehrte Gott diejenigen, die seine Gesetze befolgten. Er setzte weiterhin treue Priester ein, aber er wählte Propheten und gottesfürchtige Führer, um für Israel Fürsprache einzulegen.

Samuels Gebet für Israel

Gott erwählte und weihte **Samuel** zum **Propheten und Richter** in Israel. Samuel wurde als Sohn von Elkana und Hanna geboren, nachdem seine unfruchtbare Mutter Gott im Gebet ein Versprechen gegeben hatte (1. Samuel 1). Nach der Geburt weihten ihn seine Eltern als Kind dem Herrn, um das Versprechen einzulösen. Eli, der Hohepriester, zog ihn auf. Gott begünstigte den gehorsamen Samuel, der während der Herrschaft von Saul als Richter und Prophet diente.

Eli hatte Probleme mit seinen beiden Söhnen Pinehas und Hophni, die den größten Teil des Opferfleisches begehrten und mit den Frauen, die am Eingang des Heiligtums dienten, Ehebruch begingen. Begehrlichkeit und Ehebruch brachten die Anbetung Gottes in Verruf. Eli tat nichts weiter, als seine Söhne verbal zurechtzuweisen, als Gott ihn durch Offenbarungen warnte, abgesehen von den Kosten, die dadurch entstanden, dass er es versäumte, für seine Söhne Buße zu tun. Gott hasst die Sünde, und er richtet die Sünder, die nicht umkehren. So bestrafte er Eli und seine Söhne. Später, nachdem Eli gestorben war, setzte Gott Samuel als Propheten und Richter Israels ein.

Samuel stellte Gott an die erste Stelle in seinem Leben. Er diente Gott und Israel gehorsam und treu. Er besaß ein hohes Maß an Integrität. Samuel brachte Israel dazu, vom Götzendienst umzukehren, und Gott, der Herr, erhörte ihren Schrei. Als Prophet und großer Gebetsmann legte er Fürsprache für Israel ein. Israel war Gott gegenüber einmal nicht treu. Aber als sie Buße taten und sich von den Götzen abwandten, erhörte Gott, der Herr, ihren Schrei.

> „3Samuel aber redete mit dem ganzen Haus Israel und sprach: Wenn ihr euch von ganzem Herzen zum HERRN bekehrt, so tut die fremden Götter und Aschtaroth von euch und richtet euer Herz auf den HERRN und dient ihm allein, so wird er euch aus der Hand der Philister erretten. - **1 Samuel 7:3**

Samuel betete für Israel während des Krieges, in dem die Philister besiegt wurden. Er brachte dem Herrn im Namen der Israeliten Brandopfer dar (1. Samuel 7,7-8). Er schrie und bat den Herrn, die Israeliten zu befreien. Gott antwortete, während Samuel ihm das Opfer darbrachte. Als die philippinischen Krieger ankamen, waren die Israeliten nicht auf den Kampf vorbereitet. An diesem Tag schlug der Herr die Philister mit großem Donner, so dass sie entmutigt und besiegt wurden.

> „4Da taten die Kinder Israel die Baalim und Aschtaroth ab und dienten allein dem HERRN. 5 Und Samuel sprach: Versammelt das

ganze Israel zu Mizpa, so will ich für euch zum HERRN beten. ⁶ *Und*
sie versammelten sich zu Mizpa und schöpften Wasser und gossen
es aus vor dem HERRN und fasteten an jenem Tag und sprachen
dort: Wir haben gegen den HERRN gesündigt. Und Samuel richtete
die Kinder Israel in Mizpa." — *1 Samuel 7,4-6*

Die Armee Israels verfolgte die Philister und schlug sie. So endete die
Herrschaft der Philister über Israel, und alle eroberten Städte wurden Israel
zurückgegeben. Solange Samuel lebte, fiel kein Volk in Israel ein, denn der
Herr war mit ihm. Auch zwischen den Israeliten und den Amoritern
herrschte Frieden. Samuel stand in der Lücke und half Israels Armee im
Kampf gegen die Philister und andere feindliche Nationen, die versuchten,
in Israel einzufallen.

Während der Dürre und der Hungersnot, als das Volk Israel ungehorsam
war, betete Samuel, und Gott ließ es donnern und regnen. So stand das ganze
Volk in Ehrfurcht vor dem Herrn und vor Samuel. Er riet Israel, sich vom
Dienst an den Götzen abzuwenden und Gott von ganzem Herzen zu dienen.
Er versprach, für Israel einzutreten und sie die Wege Gottes zu lehren. Er
warnte das Volk auch davor, weiterhin Böses zu tun, damit sie und ihr König
nicht zugrunde gehen.

Davids Fürbitte für Israel

David war ein Hirtenjunge, der nach dem Tod von König Saul der zweite
König des alten Israel wurde. Er war ein Fürsprecher und Verehrer Gottes.
Einmal führte König David eine Volkszählung durch, die im Widerspruch
zu Gottes Worten stand. Daraufhin sagte David zum Herrn: „Ich habe mich

sehr gegen dich versündigt." Er bat Gott, ihm zu vergeben und ihm seine Schuld abzunehmen. Gott stellte David vor die Wahl zwischen drei Strafen, die ihn treffen sollten: drei Jahre Hungersnot für sein Land, drei Monate Flucht vor seinen Feinden, die ihn verfolgten, und eine dreitägige Plage. David flehte Gott an, ihn in seine Hände fallen zu lassen. Doch Gott schickte noch am selben Morgen eine Plage über Israel, der 70.000 Menschen zum Opfer fielen.

> *„*[24]*Nein", antwortete der König, „ich bestehe darauf, einen Preis zu zahlen, denn ich will dem Herrn, meinem Gott, keine Brandopfer darbringen, die mich nichts kosten." Da kaufte David die Tenne und die Rinder für fünfzig Schekel Silber.* [25]*Und er baute dort einen Altar für den Herrn und opferte Brandopfer und Dankopfer. Da erhörte der HERR die Gebete für das Land, und die Plage über Israel wurde aufgehalten."* — ***2 Samuel 24:24-25***

Am selben Tag wies Gott David an, einen Altar auf der Tenne von Arauna, dem Jebusiter, zu bauen. Daraufhin ging David zu Arauna und sagte ihm, er wolle seine Tenne kaufen, damit er Gott einen Altar bauen könne, damit die Plage aufhöre. Arauna bot sie David schließlich zusammen mit einigen Rindern kostenlos an, aber David lehnte ab. Deshalb bezahlte David Arauna mit Silber. Der König baute auch einen Altar für den Herrn und opferte darauf Brandopfer und Dankopfer. Daraufhin erhörte Gott sein Gebet, und die Plage hörte auf (2 Samuel 24).

Salomos Fürbitte für Israel

Salomo war nach Saul und David, seinem Vater, der dritte und letzte Herrscher des vereinigten Israels. Er baute den prächtigen Tempel in Jerusalem und lud die Führer Israels zur Einweihung ein, um Gottes Versprechen an David zu erfüllen. Während der Einweihung herrschte eine Atmosphäre der Feierlichkeit und Ehrfurcht. Die Priester brachten die Bundeslade in das Heiligtum, das sich im Allerheiligsten des Tempels befand. Sie nahmen sie aus dem Zelt, in das David sie gestellt hatte. Die Lade enthielt die Tafeln mit den Zehn Geboten vom Berg Sinai. Nach dem Tieropfer und den priesterlichen Gesängen erfüllte die Herrlichkeit des Herrn das Allerheiligste. Dann segnete Salomo Israel und erinnerte sie daran, dass er das Versprechen seines Vaters David an Gott erfüllte. Er betete für die weitere Erfüllung der Verheißungen Gottes und bat Gott, Israel Gnade zu erweisen, wenn es in die Irre geht. Er plädierte für Israels Sieg in der Schlacht.

„[44] *Wenn dein Volk auszieht in den Kampf gegen den Feind, wohin du es auch schickst, und zu dem HERRN betet zu der Stadt, die du erwählt hast, und zu dem Haus, das ich deinem Namen gebaut habe:* [45] *So erhörst du im Himmel ihr Gebet und ihr Flehen und hilfst ihrer Sache* [46] *Wenn sie gegen dich sündigen (denn es gibt keinen Menschen, der nicht sündigt) und du ihnen zürnst und sie dem Feind übergibst, so dass er sie gefangen wegführt in das Land des Feindes, sei es fern oder nah;* [47] *Wenn sie aber in dem Lande, wohin sie gefangen weggeführt worden sind, sich besinnen und Buße tun und zu dir flehen in dem Lande derer, die sie gefangen weggeführt haben, und sagen: Wir haben gesündigt und haben Unrecht getan,*

wir haben Unrecht getan." — 1. Könige 8:44-47

Salomo bat auch darum, dass der Herr vergeben und Israel aus der Gefangenschaft und dem Leid befreien möge, wenn es Buße tut. Außerdem betete er, dass Gott die Gebete der Fremden erhören möge, die von weit herkommen, um zum Tempel zu beten, damit alle Menschen den Namen Gottes kennen.

„[41]Und wenn ein Fremder, der nicht aus deinem Volk Israel ist, sondern aus einem fernen Lande kommt um deines Namens willen[42] (denn sie werden hören von deinem großen Namen und von deiner starken Hand und von deinem ausgestreckten Arm), wenn er kommt und bittet zu diesem Hause:[43] Höre du im Himmel, deiner Wohnung, und tue alles, was der Fremde anruft zu dir: dass alle Völker auf Erden deinen Namen erkennen und dich fürchten, wie dein Volk Israel, und dass sie erfahren, dass dieses Haus, das ich gebaut habe, nach deinem Namen genannt ist." - 1 Könige 8:41-43

Als Salomo fertig war, erschien ihm der HERR ein zweites Mal, so wie er ihm in Gibeon erschienen war, und sagte zu ihm: „Ich habe dein Gebet und dein Flehen vor mir erhört, ich habe diesen Tempel, den du gebaut hast, geweiht, indem ich meinen Namen für immer dorthin gelegt habe. Meine Augen und mein Herz werden immer dort sein. Wenn du treu und aufrichtig vor mir wandelst, wie es dein Vater David getan hat, und alles tust, was ich dir gebiete, und meine Gebote und Gesetze beachtest, werde ich deinen königlichen Thron für immer über Israel bestätigen, wie ich es deinem Vater David versprochen habe, als ich sagte: 'Du sollst immer einen Nachfolger auf dem Thron Israels haben. „Er warnte vor Ungehorsam (1. Könige 9,2-9). Wir beten, dass der Herr, unser Gott, uns beschützt und immer bei uns ist, so wie er es für unsere Vorfahren getan hat. Möge er unsere Herzen für ihn öffnen, so dass wir im Gehorsam zu ihm wandeln und seine Verordnungen, Regeln und Gebote einhalten.

Prophet Elias

Elia war ein hebräischer Prophet. Er lebte im Nordreich Israel während der zweiundzwanzigjährigen Herrschaft Ahabs. Ahab und seine Frau Isebel verleiteten Israel zur Anbetung von Götzen und ermordeten Gottes Propheten. Elia jedoch rügte das Volk wegen der Verderbnis und Verunreinigung durch die Anbetung des Baals, die den Gesetzen Gottes zuwiderlief.

> „*36Der Prophet Elia trat heran und sprach: HERR, Gott Abrahams, Isaaks und Israels, heute soll bekannt werden, dass du Gott in Israel bist und dass ich dein Knecht bin und dass ich das alles auf dein Wort hin getan habe. 37 Höre mich, HERR, höre mich, damit dieses Volk erfährt, dass du der HERR, der Gott, bist und dass du ihr Herz wieder umkehrst. 38 Da fiel das Feuer des HERRN und verzehrte das Brandopfer, das Holz, die Steine und den Staub und leckte das Wasser auf, das im Graben war. 39 Und als alles Volk das sah, fielen sie auf ihr Angesicht und sprachen: Der HERR, er ist der Gott, der HERR, er ist der Gott.*" — **1. Könige 18:36-39**

Elia widersprach den Propheten des Baal, als er Gott bat, sich dem Volk durch Feuer zu offenbaren. Die Propheten des Baal beteten vergeblich, da Baal ihre Opfer nicht ohne Feuer verzehren konnte. Doch Gott antwortete

Elia mit Feuer, und das Volk tat Buße und wandte sich Gott zu.

> *³⁶Herr, Gott Abrahams, Isaaks und Israels, heute soll bekannt werden, dass du Gott in Israel bist und dass ich dein Knecht bin und dass ich all dies auf dein Wort hin getan habe. Antworte mir, Herr, antworte mir, damit dieses Volk erkennt, dass du, Herr, Gott bist und dass du ihr Herz bekehrt hast." - **1 Könige 18:36-37**

Das Gebet des Nehemia, der sich mit den Sünden seines Volkes identifiziert

Nehemia war ein jüdischer Führer, der mit Hilfe des babylonischen Königs Artaxerxes, dem er diente, den Wiederaufbau der zerstörten Mauern Jerusalems leitete. Als er von den zerstörten Mauern Jerusalems hörte, betete er zum Herrn, dass er zurückkehren und die Mauern wieder aufbauen dürfe. Er ging mit einem Herzen des Bekenntnisses und der Reue vor Gott. Nehemia fastete demütig, betete und erinnerte Gott an ihre Verpflichtung zum Gehorsam seit der Zeit Moses. Er bekannte Israels und seine Sünden der Verderbnis und des Versagens gegenüber Gott bei der Einhaltung der Gesetze, die Mose gegeben hatte. Außerdem erkannte Nehemia an, dass ihr Ungehorsam zu ihrem Exil in Babylon geführt hatte. Deshalb bat er um Gnade und forderte Gott auf, sein Versprechen, das Volk wiederherzustellen, zu erfüllen.

> *⁵ und sprach: Ich bitte dich, HERR, Gott des Himmels, der große und schreckliche Gott, der Bund und Barmherzigkeit hält für die, die ihn lieben und seine Gebote halten: ⁶Laß deine Ohren aufmerken und deine Augen offen sein, daß du das Gebet deines Knechtes hörst, das ich jetzt vor dir bete, Tag und Nacht, für die*

Kinder Israel, deine Knechte, und bekenne die Sünden der Kinder
Israel, die wir an dir gesündigt haben; ich und meines Vaters Haus
haben gesündigt. 7 Wir haben uns sehr an dir versündigt und haben
die Gesetze, Gebote und Rechte nicht gehalten, die du deinem
Knecht Mose geboten hast." — **Nehemia 1:5-7**

Gott begünstigte Nehemia vor dem König, der ihn bei der Rückkehr und
dem Wiederaufbau der Mauern Jerusalems unterstützte. Später vermittelte
Nehemia Frieden zwischen Juda und den persischen Steuern. Er nutzte
Gebet, Lobpreis, Beharrlichkeit und den Glauben an Gott, um Juda
wiederzubeleben und Gottes Plan wiederherzustellen.

Esra setzt sich für Israel ein

Esra war ein Priester, Schriftgelehrter und Nachkomme Aarons. Wegen
seines Eifers für Gott und sein Gesetz führte er während der Herrschaft von
König Artaxerxes über das persische Reich eine Gruppe von Juden zurück
nach Israel. Als Esra den Wiederaufbau des Tempels und die Einheit der
Stämme sah, legte er Fürsprache für Juda ein. Er stellte sich auch öffentlich
in die Lücke und las Israel das Wort Gottes vor. Daraufhin taten sie Buße
und beteten Gott an, dreizehn Jahre nachdem Nehemia die zerstörten
Mauern wieder aufgebaut hatte. Danach baten sie Gott um Gnade, indem sie
ihre Sünden berechneten und versprachen, Gott von ganzem Herzen zu
dienen.

„⁵Und beim Abendopfer stand ich auf von meiner Last und zerriß
mein Kleid und meinen Mantel und fiel auf meine Kniee und breitete
meine Hände aus vor dem HERRN, meinem Gott, ⁶ und sprach:
Mein Gott, ich schäme mich und erröte, daß ich mein Angesicht zu

dir, meinem Gott, erhebe; denn unsere Missetaten sind über unser Haupt gewachsen, und unsere Schuld ist bis an den Himmel gestiegen. [7]Seit den Tagen unserer Väter haben wir eine große Schuld begangen bis auf diesen Tag, und um unserer Missetaten willen sind wir, unsere Könige und Priester in die Hand der Könige der Länder gegeben worden, ins Schwert, in die Gefangenschaft, in den Raub und in die Verwirrung des Gesichts, wie es heute ist." —

Esra 9:5-7

Als Nächstes leitete Esra seine Gruppe an, ein bestehendes Abkommen zu bekräftigen. Das bedeutete, dass sie keine Mischehen mit Nichtjuden mehr eingehen durften, keinen Handel am Sabbat treiben durften, das Land brach liegen lassen mussten und die Schulden im siebten Jahr getilgt werden mussten. Außerdem unterhielten sie den Tempel und seine Dienste und besetzten den Tempel mit Priestern und Leviten, die durch ein Los bestimmt wurden. Außerdem sorgten sie für den Bedarf des Tempels, z. B. für Holz und die Erstlingsfrüchte für die Priester. Schließlich lösten sie die erstgeborenen Söhne ein und opferten die des Viehs.

Die Fürsprache der Königin Esther für die Juden

Esther war eine Waise, die von ihrem Onkel Mordechai adoptiert wurde. Während ihres Exils in Schuschan wurde Mordechai ihr Mentor und Vertrauter. Später wurde sie die schöne jüdische Ehefrau von König Ahasverus von Persien. Mardochai vereitelte ein Komplott zweier Diener, die ein Attentat auf den König verüben wollten. Später beförderte der König seinen Diener Haman, den Agagiter, in die höchste Position am Hof, und alle königlichen Beamten am Königstor knieten nieder und ehrten Haman, wie der König es angeordnet hatte. Mardochai aber wollte nicht niederknien und ihm nicht die Ehre erweisen.

Deshalb war Haman über Mardochai entrüstet, weil er sich nicht respektiert fühlte. Er wollte sich für seine Demütigung rächen, indem er den Tag und die Uhrzeit für die Ermordung aller Juden ausloste. Später beeinflusste Haman den König, einen Befehl zur Hinrichtung der Juden in allen Provinzen zu erlassen, weil sie die Gesetze des Königs nicht befolgten. Angesichts der Vernichtung durch Haman wandte sich Mordechai an Esther. Esther erkannte, dass es nicht in ihrer Macht stand, die Juden zu retten. Deshalb versammelte sie die Juden und betete und fastete.

> *„⁸Da antwortete Esther und sprach: Meine Bitte und meine Bitte ist: Wenn ich Gnade gefunden habe vor dem König und wenn es dem König gefällt, meine Bitte zu gewähren und meine Bitte zu erfüllen, so lasst den König und Haman zu dem Gastmahl kommen, das ich für sie bereiten werde, und ich will morgen tun, was der König gesagt hat." - Esther 5:8*

Nach dem Fasten trug Esther vor dem König ihre Argumente gegen die Verschwörung zur Ausrottung ihres Volkes vor. Der König war über das Komplott erzürnt und ließ Haman an dem Pfahl aufspießen, den er für Mordechai aufgestellt hatte. Gott beauftragt uns also, in schwierigen Situationen zu seiner Ehre Fürsprache einzulegen. Außerdem, wenn du nicht für den Herrn handelst, wird es jemand anderes tun.

Daniels Gebet, Identifikation mit den Sünden Judas

Daniel war ein Fürst aus Juda. Er war ein gerechter Mann, der aus dem Geschlecht Davids in Israel stammte. Er war einer der gefangenen Adligen, die von König Nebukadnezar nach Babylonien verbannt wurden. Er lebte ein außergewöhnlich langes Leben und erlebte den Fall Assyriens durch die Meder und Perser. Daniel setzte sich für die Rückkehr des jüdischen Volkes zu Gott ein. In der babylonischen Gefangenschaft las Daniel die Prophezeiung von Jeremia, dass das Exil 70 Jahre dauern würde. So richtete er sein Herz mit Fasten, Sack und Asche auf Gott aus, als er erkannte, dass die 70 Jahre fast vorbei waren.

> „*⁴Herr, du großer und furchtbarer Gott, der du den Bund und die Barmherzigkeit bewahrst denen, die ihn lieben, und denen, die seine Gebote halten:⁵ Wir haben gesündigt und haben Unrecht getan und haben uns aufgelehnt, indem wir von deinen Geboten und Rechten abgewichen sind: ⁶ Wir haben auch nicht auf deine Knechte, die Propheten, gehört, die in deinem Namen zu unseren Königen, Fürsten und Vätern und zu allen Völkern des Landes geredet haben. ⁷ DIR, HERR, ist Gerechtigkeit widerfahren, uns aber ist Verwirrung ins Gesicht gekommen wie heute, den Männern von Juda und den Bewohnern Jerusalems und dem ganzen Israel, den nahen und den fernen, in allen Ländern, wohin du sie vertrieben hast, um ihrer Schuld willen, die sie an dir begangen haben.*“ - **Daniel 9:4-7**

Daniel betete und erinnerte Gott an seine Treue. Er räumte ein, dass sie seine Strafe verdienten. Dennoch flehte Daniel um Gottes Gnade, Israel wieder in sein Heimatland zurückzubringen. Die Voraussetzung für alle erhörten

Gebete sind sein Name und seine Verheißungen (Daniel 9:17-19). Gott erhörte Daniel also und gab ihm weitere Offenbarungen über zukünftige Ereignisse.

Die Fürbitte im Neuen Testament

Mit dem Neuen Testament wurde ein neuer Bund zwischen Gott und der Menschheit geschlossen, der durch das Blut Jesu besiegelt wurde. Im Gegensatz zum Alten Testament, in dem die Priester durch tägliche und jahreszeitliche Tieropfer und -gaben Fürbitte leisteten, hat Jesus mit seinem Blut am Kreuz ein für alle Mal für unsere Sünden bezahlt.

Diese ultimative Fürsprache hat jedem Christen Zugang zu Gottes Gegenwart verschafft, denn Jesus hat uns mit Gott versöhnt und uns zu Priestern des Herrn gemacht. Deshalb braucht Gott keine Tieropfer für die Fürbitte, und nicht nur einige wenige Auserwählte dürfen Fürsprache einlegen. Vor Jesus sandte Gott Johannes den Täufer, um die Herzen der Menschen auf den neuen Bund vorzubereiten.

Der Dienst von Johannes dem Täufer

Johannes war ein jüdischer Prophet. Der Vater, Zacharias, war ein Priester, der zur priesterlichen Abteilung des Abija gehörte, zur Zeit des Herodes, des Königs von Judäa. Die Mutter, Elisabeth, war ebenfalls eine Nachfahrin Aarons. Er war ein Bote und der Vorläufer Jesu, der gesandt wurde, um den Weg für das Kommen des verheißenen Messias zu bereiten.

Jesaja und Maleachi haben seine Geburt vorausgesagt: „Ich will meinen Boten vor euch herschicken, der euch den Weg bereiten soll, eine Stimme, die in der Wüste ruft: Bereitet dem Herrn den Weg, macht ihm gerade Pfade (Jesaja 40,3).

Johannes wuchs und wurde stark im Geist, und er lebte und betete viel Zeit in der Wüste, bis er öffentlich in Israel auftrat. Johannes verkündete die Lehre von der Buße zur Vergebung der Sünden. Als Symbol der Buße tauchte er die Menschen in das Wasser ein. Als er sah, dass viele Menschen zu seiner Taufe kamen, ermahnte er sie, würdige Früchte der Umkehr zu tragen.

> *„ ⁷ Und er sprach zu dem Volk, das hervorkam, um sich von ihm taufen zu lassen: O ihr Otterngezücht, wer hat euch gewarnt, daß ihr vor dem kommenden Zorn fliehen sollt? ⁸So bringt nun Früchte hervor, die der Buße würdig sind, und fangt nicht an, bei euch selbst zu sagen: Wir haben Abraham zum Vater; denn ich sage euch: Gott kann aus diesen Steinen Abrahams Kinder erwecken. ⁹Und nun wird auch die Axt an die Wurzel der Bäume gelegt; jeder Baum, der nicht gute Früchte bringt, wird abgehauen und ins Feuer geworfen. “ -*
> **Lukas 3,7-9**

Verschiedene Gruppen von Menschen, wie Steuereintreiber, Soldaten und andere, fragten, was sie tun sollten:

> *„ ¹²Da kamen auch Zöllner, um sich taufen zu lassen, und sprachen zu ihm: Meister, was sollen wir tun? ¹³ Er aber sprach zu ihnen: Tut nicht mehr als das, was euch aufgetragen ist. ¹⁴Auch die Soldaten fragten ihn und sprachen: Und was sollen wir tun? Er aber sprach*

zu ihnen: Tut niemandem Gewalt an und klagt niemanden an,
sondern begnügt euch mit eurem Lohn. " — **Lukas 3:11- 14**

Die Menschen verehrten ihn als Propheten. Er brachte Israel dazu, seine
Sünden zu bereuen und taufte den Messias.

Die ultimative Fürbitte

Als Jesus Christus für uns starb, hat er uns mit Gott versöhnt (1. Petrus 3,19;
Kolosser 1,20). Jesus ist der **ultimative Fürsprecher**, der für immer als
Vermittler lebt und die Menschheit vor dem Thron Gottes vertritt. Er
überbrückte die Kluft zwischen der Menschheit und Gott durch die
Erlösung durch Seine Opfer am Kreuz. Das Blutopfer unter dem Gesetz
konnte die Menschen nicht retten, aber das kostbare **Blut Jesu rettete uns
von unseren Sünden**.

Jesus brachte Gnade und Wahrheit. Zum Beispiel,

- Er lehrte uns das wahre Wesen Gottes und wie wir ihn anbeten
  können.
- Er erbarmte sich aller, die ihn um Hilfe baten, einschließlich der
  Frau, die von den steineschwingenden Pharisäern beim Ehebruch
  ertappt wurde, obwohl sie nach dem Gesetz den Tod verdient hätte.
  Außerdem heilte er Aussätzige, Blinde und eine Vielzahl anderer
  Kranker, die ihn aufsuchten, und stellte sie wieder her.
- Außerdem vergab Jesus den Sündern, damit Gott sie heilen konnte.

- Er heilte die Schwiegermutter des Petrus, den Mann mit der verkrüppelten Hand, den vierzigjährigen Mann, der blind geboren war. Er erweckte Menschen von den Toten, darunter Lazarus und den Sohn der Witwe. Als er mit den Jüngern zusammen war, betete Jesus für Petrus, dass er umkehrt, bevor Satan ihn dazu verleitet, ihn zu verleugnen. Jesus hatte Petrus dazu auserwählt, die Kirche nach seinem Weggang zu leiten, aber Satan plante, ihn zu verführen und seines Amtes zu berauben.

> *„³¹Simon, Simon, siehe, der Satan hat es auf dich abgesehen, damit er dich wie Weizen sieben kann: Ich aber habe für dich gebetet, dass dein Glaube nicht versage; und wenn du dich bekehrt hast, stärke deine Brüder." — **Lukas 22:31-33**

Außerdem enthält das Gebet Jesu für seine Jünger drei wesentliche Elemente. **Erstens:** Gott hatte sie auserwählt, also gehörten sie zu ihm. **Zweitens** bat er sie, mit ihm vereint zu sein, wie er mit dem Vater vereint war. **Das dritte Element** ist die Bitte um den Schutz der zwölf Jünger und aller, die an ihn glauben würden.

> *„²⁰Und ich bitte nicht für diese allein, sondern auch für die, die durch ihr Wort an mich glauben werden.²¹Auf dass sie alle eins seien, wie du, Vater, in mir und ich in dir, auf dass auch sie in uns eins seien, damit die Welt glaube, dass du mich gesandt hast. ²² Und die Herrlichkeit, die du mir gegeben hast, habe ich ihnen gegeben, damit sie eins seien, wie wir eins sind:²³Ich in ihnen und du in mir, damit sie eins seien und die Welt erkenne, dass du mich gesandt hast und sie liebst, wie du mich liebst. ²⁴ Vater, ich will, dass auch*

sie, die du mir gegeben hast, bei mir sind, wo ich bin, damit sie meine Herrlichkeit sehen, die du mir gegeben hast; denn du hast mich geliebt vor Grundlegung der Welt. Gerechter Vater, die Welt hat dich nicht erkannt; ich aber habe dich erkannt, und diese haben erkannt, dass du mich gesandt hast." — ***Johannes 17:20-25***

Er betete für seine Kreuziger und Widersacher während seines vollkommenen Lebens und seines Sühneopfers am Kreuz. Er legte Fürsprache für seine Jünger und Gläubigen ein. Auch nach seiner Himmelfahrt tut er dies weiterhin. Jesus sitzt jetzt zur Rechten Gottes und legt Fürsprache für uns ein.

Jesus ist der Hohepriester, der mit unseren Schwächen mitfühlen kann. Obwohl die Menschen ihn versuchten, hat er nie gesündigt (Matthäus 4,1-10). Er rettet aufgrund seiner Güte. Er rechtfertigt und heiligt die Gläubigen. Wenn wir unser Leben an Jesus übergeben, identifiziert er sich mit uns. Er verwandelt uns durch seine Gnade in sein Ebenbild. Der Herr verteidigt und rechtfertigt uns gegen die Anschuldigungen des Satans.

Der Heilige Geist und die Fürbitte

Nach seiner Auferstehung forderte Jesus seine Jünger auf, in Jerusalem zu bleiben, bis sie die Bevollmächtigung durch den Heiligen Geist erhielten, um ihren Dienst fortzusetzen. Er versprach seinen Jüngern, dass er einen „Beistand" bringen würde, der sie befähigen und lehren würde. Als sie sich am Pfingsttag, dem Dankfest für die ersten Früchte der Weizenernte, in einem Obersaal versammelten, um zu beten, empfingen sie den Heiligen Geist und sprachen in anderen Sprachen.

Das erstaunte die Menschen, aber Petrus erklärte, es sei die Gabe des Geistes, damit die Menschen Gottes Wort hören konnten. Nachdem Petrus zu ihnen gepredigt hatte, überführte der Heilige Geist sie von ihren Sünden. Sie fragten, was sie tun sollten, um gerettet zu werden. Petrus sagte ihnen, sie sollten ihre Sünden bereuen und sich auf den Namen Jesu Christi taufen lassen, damit ihnen vergeben wird.

Etwa 3.000 Menschen, die die Predigt des Petrus hörten, bekehrten sich und ließen sich taufen. In Jesus Christus trägt der Heilige Geist wieder jeden Christen. Wir sind aus dem Geist geboren, und der Heilige Geist besiegelt unser Heil (Epheser 4,30).

„[8]Ihr aber werdet Kraft empfangen, wenn der Heilige Geist auf euch gekommen ist, und ihr werdet meine Zeugen sein in Jerusalem, in Judäa und Samarien und bis an das Ende der Erde.“ —
Apostelgeschichte 1:8

„[16]Ich werde den Vater bitten, und er wird euch einen anderen Beistand geben, der für immer bei euch sein wird, den Geist der Wahrheit. Die Welt kann ihn nicht annehmen, denn sie sieht ihn nicht und kennt ihn nicht. Ihr aber kennt ihn, denn er lebt mit euch und wird in euch sein.“ — ***Johannes 14:16-18***

Das Gebet ist *der Weg, um eine persönliche Beziehung zu Gott aufzubauen und sein Reich voranzubringen.* Deshalb hat er uns den Heiligen Geist gegeben, der der uns befähigt, seinem Wort zu gehorchen, und uns im Gebet leitet, während wir im Geist wandeln. Wir sind aus dem Geist geboren, und der Heilige Geist besiegelt unsere Errettung. Wenn wir dem Wort Gottes gehorchen, bringen wir die Frucht des Geistes hervor, die Gott gefällt.

„²²Die Frucht des Geistes aber ist Liebe, Freude, Friede, Geduld, Freundlichkeit, Güte, Treue, Sanftmut, Selbstbeherrschung; dagegen gibt es kein Gesetz." — **Galater 5:22-23**

Außerdem gibt Gott den Gläubigen Gaben für seinen Zweck im Leib Christi. Nur der Heilige Geist befähigt uns, die Gaben optimal für den Dienst an Gott einzusetzen. Zum Beispiel sprachen die Jünger in einer anderen Sprache, als der Heilige Geist zu Pfingsten auf sie kam. Diejenigen, die in der Kraft des Heiligen Geistes in anderen Sprachen sprechen, sind ein übernatürliches Zeichen Gottes, dass sie mit dem Heiligen Geist erfüllt sind. Wenn wir in Zungen beten, sprechen wir Geheimnisse im Geist, und nur Gott versteht sie (1. Korinther 14,2).

„⁴Es sind verschiedene Gaben, aber ein und derselbe Geist. ⁵ Und es sind verschiedene Verwaltungen, aber ein und derselbe Herr. ⁶ Und es gibt Verschiedenheiten der Wirkungen, aber es ist derselbe Gott, der alles in allem wirkt. ⁷Die Offenbarung des Geistes aber ist einem jeden Menschen gegeben, damit er daraus Nutzen ziehe. ⁸Denn einem ist durch den Geist gegeben das Wort der Weisheit, einem andern das Wort der Erkenntnis durch denselben Geist; ⁹ einem andern der Glaube durch denselben Geist; einem andern die Gaben der Heilung durch denselben Geist; ¹⁰einem andern das Wirken von Wundern; einem andern die Weissagung; einem andern die Unterscheidung der Geister; einem andern verschiedene Arten

von Zungen; einem andern die Auslegung der Zungen." — 1 **Korinther. 12:4-10**

Der Heilige Geist tritt auch für uns ein, besonders wenn wir nicht wissen, wie wir beten sollen. So übernimmt der Heilige Geist die Verantwortung, denn er kennt unsere Lasten, Gottes Willen und weiß, was das Beste ist. Der Heilige Geist hilft uns in unseren Schwächen, wenn wir uns überfordert fühlen und nicht wissen, wie wir zu Gott beten sollen. Der Heilige Geist übernimmt die Kontrolle, wenn wir in unseren schwersten Stunden keine Worte haben, um unsere Bitten vorzubringen.

> *"26Desgleichen hilft auch der Geist unseren Schwachheiten; denn wir wissen nicht, was wir beten sollen, wie wir sollten; der Geist selbst aber legt Fürbitte für uns ein mit unaussprechlichem Seufzen. 27Und wer die Herzen erforscht, der weiß, was der Geist denkt; denn er legt Fürbitte ein für die Heiligen nach dem Willen Gottes. 28 Und wir wissen, dass denen, die Gott lieben, alle Dinge zum Guten dienen, denen, die nach seinem Vorsatz berufen sind. -* **Römer 8,26-28**

Als Christen *ist es* **unsere wichtigste Aufgabe***, das Evangelium durch unsere Worte und Taten zu bezeugen.*

Wir müssen den Charakter von Jesus in unserem Leben widerspiegeln, nicht nur in Worten. **Der einzige gangbare Weg** ist, dass der Heilige Geist durch uns wirkt. Durch uns wirkt Gott weiterhin Wunder. Wir können das nicht ohne die Hilfe des Heiligen Geistes tun.

Der Heilige Geist greift ein und bringt Befreiung, wenn die Probleme überwältigend sind. Er arbeitet, um uns den Sieg zu bringen.

Er legt Fürsprache für uns ein und hilft uns, mit dem Willen Gottes zu beten. Aber menschliche Worte können die Fürbitte des Geistes nicht ausdrücken.

Die Kirche betet für Petrus

Nach Jesu Himmelfahrt sah sich die Kirche mit Verfolgung konfrontiert. Zuerst tötete König Herodes Jakobus und warf Petrus ins Gefängnis, weil er das Evangelium verkündet hatte. Während Petrus im Gefängnis saß, betete die Gemeinde inständig zu Gott für ihn. Herodes hatte geplant, die Leiter der Kirche zu beseitigen und die Gläubigen zu verfolgen. Vier Trupps von Soldaten bewachten Petrus, während er mit zwei Ketten gefesselt schlief.

Am Vorabend seines Prozesses und seiner Hinrichtung erschien ihm plötzlich ein Engel und forderte ihn auf, seine Kleider anzuziehen. Er folgte dem Engel aus dem Gefängnis. Auf dem Weg nach draußen passierten sie zwei Wachposten, und als sie sich dem Gefängnistor näherten, öffnete es sich von selbst, bis Petrus die Straßen von Jerusalem erreichte und der Engel ihn verließ. Er dachte, es sei ein Traum, bis er merkte, dass es Wirklichkeit war. Gott griff ein und rettete ihn. Er verhinderte die Pläne des Herodes und des Sanhedrins (Apostelgeschichte 12,3-19).

Dieses Beispiel zeigt also, dass **Wunder geschehen, wenn Menschen gemeinsam und aufrichtig beten**. Außerdem spielte das gemeinsame Gebet in der frühen christlichen Kirche eine wichtige Rolle.

> *„¹⁹Abermals sage ich euch: Wenn zwei von euch auf Erden übereinstimmen in dem, was sie betrifft, und bitten, so wird es ihnen von meinem Vater im Himmel zuteilwerden. Auf dass sein Name verherrlicht werde."* - ***Matthäus 18:19***

Wir werden davon profitieren, wenn unsere Herzen sich im Gebet vereinen. Wir dürfen also nicht aufhören, in der Fürbitte zu lernen und zu wachsen. In der Tat führt das Zusammenkommen mit anderen Gläubigen in Gemeinschaft und Anbetung zu Wachstum in ihm. In der vereinten Fürbitte liegt Macht. Einmütiges Beten erhöht also unsere Autorität und führt zu vielen Ergebnissen.

Epaphras' Fürbitte für die Kirche

Epaphras wurde ein treuer Diener und ein Mitglied der Gemeinde in Kolossä. Er war ein Mann des Gebets, der lange Stunden im Gebet für die Gemeinde ausharrte. Er mühte sich bereitwillig auf seinen Knien ab, damit die Gläubigen in Kolossä aufstehen und geistlich reifen konnten. Später besuchte er Paulus in Rom und überbrachte einen positiven Bericht an Paulus. Die Informationen ermutigten Paulus, der ihn später nach Kolossä zurückschickte und den Brief des Paulus an die Gläubigen in dieser Stadt überbrachte. Paulus lobte Epaphras für seine Arbeit in Liebe im Weinberg des Herrn. Lasst uns den Geist der Fürbitte wünschen, um beständig für andere zu beten (Kolosser 1,7-8; 4,2-13).

Paulus ermahnt die Kirche zur Fürbitte

Paulus war zunächst ein Feind des christlichen Glaubens, wurde aber später ein eifriger Prediger des Evangeliums, nachdem Jesus Christus ihn erwählt hatte. Er gründete mehrere Kirchen und reiste umher, um in Kleinasien und Europa das Evangelium zu predigen und den Heiden die Botschaft vom Heil zu bringen. Außerdem rief Paulus die Gläubigen dazu auf, für alle Menschen, einschließlich derer, die Autorität ausüben, Fürsprache einzulegen, damit sie in Frieden leben (Galater 4,19; 1. Timotheus 2,1-5).

Fazit

Das Fürbittgebet ist eine Bitte an Gott um seine Barmherzigkeit zur Wiederherstellung anderer. Gott hat die Fürbitte ins Leben gerufen, um die Beziehung zwischen Gott und Mensch wiederherzustellen, die durch die Sünde seit dem Sündenfall untergraben wurde. Außerdem legt er die Bedingungen für Fürbittgebete fest. Er hat die Priester gesalbt, um für sein Volk einzutreten. Einige Priester waren jedoch ungehorsam gegenüber Gott. Deshalb hat Gott sie gezüchtigt und diejenigen geehrt, die seinem Wort gehorchten.

Zur festgesetzten Zeit ist Jesus erschienen und hat Fürsprache gehalten, indem er am Kreuz für unsere Sünden gesühnt und uns mit Gott versöhnt hat. Er hat jeden Gläubigen zu einem Priester gemacht. Deshalb befähigt der Heilige Geist die Fürbitter dazu Gott für andere zu bitten. Es ist ein Gebot für alle Menschen, bei allen Gelegenheiten ohne Unterlass im Geist zu beten. Dies steht im Gegensatz zum Alten Testament, wo nur die wenigen Gesalbten den Auftrag hatten, zu Gott zu beten. Daher ist die Praxis der Fürbitte für den Leib Christi in der heutigen christlichen Gesellschaft immer noch relevant. Gott stellt in schwierigen Zeiten den Glauben an ihn wieder her, wenn wir Fürsprache einlegen. Es betrübt Gott, wenn wir es vernachlässigen, für andere zu beten.

Die Fürbitte ist ein Kanal, durch den Gott Segnungen freisetzt. Gott zerstört die Pläne des Feindes, wenn wir Fürsprache einlegen. So haben in der Geschichte viele Fürbitter für die Menschen zu Gott gebetet. Die Propheten, die Priester, Jesus, der letzte Fürsprecher, die Apostel, die ersten Gläubigen und die Kirche haben Fürbitte gehalten. Deshalb müssen alle Gläubigen für andere in die Bresche springen.

Das nächste Kapitel befasst sich mit Fürsprechern und damit, wie Jesus Christus den Opferpreis bezahlt hat, um der ultimative Fürsprecher für die Menschheit im Neuen Testament zu werden.

2

Fürbitter

Sind Sie traurig über das Chaos und das Leid in der Welt aufgrund der Sünde und der daraus resultierenden Trennung von Gott? Dann teilen Sie den Wunsch und den Ruf Gottes nach Fürbitte in jedem Aspekt unseres Lebens.

> ***Fürbitter*** *sind von Gott **geweihte Menschen**, die für andere um seine Barmherzigkeit und Wiederherstellung beten.*

Sünde und Tod kamen in die Welt, nachdem Adam gesündigt hatte. Aber Gott hat Jesus als unseren letzten Fürsprecher bestimmt, um uns zu erlösen. Bevor Jesus kam, suchte und weihte Gott gottesfürchtige Menschen, Patriarchen, Priester und Propheten, Richter und Befreier, als Fürsprecher, die im Alten Testament für sein Volk beteten. Einige dieser Fürsprecher waren ihrem Auftrag treu, während andere durch Ungehorsam versagten. Aber Gott hatte einen neuen Bund mit einem vollkommenen Hohenpriester versprochen. Jesaja prophezeite, wie viele andere Propheten, über den Messias, als er sagte:

> „*[1]Der Geist Gottes, des Herrn, ruht auf mir; denn der Herr hat mich gesalbt, den Sanftmütigen eine frohe Botschaft zu verkünden; er hat*

mich gesandt, zu verbinden, des zerbrochenen Herzens sind, den Gefangenen die Freiheit zu verkünden und den Gebundenen die Öffnung des Gefängnisses; zu verkünden das angenehme Jahr des Herrn und den Tag der Rache unseres Gottes, zu trösten alle, die trauern" — ***Jes 61,1-2***

Deshalb hat Gott Jesus Christus zum Großen Hohenpriester und vollkommenen Fürsprecher gesalbt, der den höchsten Opferpreis für die Erlösung der Menschheit bezahlt hat. Jesus hat die Christen zu einer königlichen Priesterschaft für Gott gemacht, um durch ihn annehmbare geistliche Opfer darzubringen. Er hat die Gläubigen als Fürsprecher beauftragt, das Wort Gottes zu verkünden und in der Fähigkeit des Heiligen Geistes für andere Fürsprache einzulegen, um Gott zu verherrlichen.

„¹So soll man von uns Rechenschaft ablegen, als von den Dienern Christi und Verwaltern der Geheimnisse Gottes. ² Und es wird von den Verwaltern verlangt, dass man sie für treu hält. ³ Bei mir aber ist es eine Kleinigkeit, dass ich von euch oder von Menschen gerichtet werde; ja, ich richte mich selbst nicht." — ***1. Korinther 4:1-3***

Auch Apostel Petrus bestätigte den verstreut lebenden ersten Gläubigen, dass:

- Jesus hatte sie zu königlichen Priestern Gottes gemacht, nachdem er Gnade erlangt hatte, obwohl sie ursprünglich nicht zu seinem auserwählten Volk, Israel, gehörten.

- Petrus beschreibt auch die neue priesterliche Generation, die Gottes Opfer in Form von Lobpreis unter den Völkern verkünden wird.

„⁹Ihr aber seid ein auserwähltes Geschlecht, eine königliche Priesterschaft, eine heilige Nation, ein besonderes Volk, damit ihr den Preis dessen verkündet, der euch aus der Finsternis in sein wunderbares Licht gerufen hat: ¹⁰die ihr früher kein Volk wart, jetzt aber das Volk Gottes seid; die keine Barmherzigkeit erlangt haben, jetzt aber Barmherzigkeit erlangen." — 1 Petrus 2,9-10

Bemerkenswerte Fürbitter im Alten Testament

Abraham

Gott forderte Abram auf, das Haus seines Vaters zu verlassen und in ein Land zu ziehen, das er ihm zeigen würde (1. Mose 12,1). Er versprach, Abram mit Nachkommen zu segnen und ihn zu einem großen Volk zu machen. Abram nahm seine Frau Sarai und seinen Neffen Lot mit und verließ sein Vaterhaus in Richtung Kanaan. Gott schloss mit Abram und seinen Nachkommen einen Bund der Beschneidung, änderte seinen Namen in Abraham und nannte Sarai in Sarah um. Abraham hatte einen bemerkenswerten Glauben an Gott, und er segnete ihn reichlich mit Reichtum, Herden und Kamelen (1. Mose 17).

Gott segnete Abraham schließlich im hohen Alter mit dem Sohn des Bundes, Isaak. Doch Abraham gehorchte Gott sofort und bereitete sich darauf vor, Isaak zu opfern, als Gott ihn auf die Probe stellte und ihm befahl, ihn zu opfern. Er glaubte, Gott könne ihn auferwecken. Doch Gott stellte ihm ein Opferlamm an Isaaks Stelle zur Verfügung. So rechnete Gott diesen

Akt des Glaubens als Gerechtigkeit an und bekräftigte ihm gegenüber seine Segnungen aus dem Bund (1. Mose 22).

Abraham wurde der erste in der Bibel erwähnte Fürsprecher, als er für Sodom eintrat. Er setzte sich für die Erlösung Sodoms ein, als Gott ihm seine Entscheidung mitteilte, die Stadt wegen ihrer Sünden zu zerstören. Er machte sich durch seinen großen Glauben, der ihn einzigartig machte, bei Gott beliebt. Abraham war mutig, als er erfuhr, dass einige Könige seinen Neffen Lot gefangen genommen hatten, während er in Sodom weilte. Er und seine Männer verfolgten die Entführer, besiegten sie und brachten Lot mit all seinem Besitz und seinen Leuten zurück. Abraham war nicht egoistisch, sondern überließ Lot die Wahl des Landes, in dem er sich vor ihm niederlassen wollte. Er wagte es, sich einem mächtigen Feind zu stellen, um Lot zu retten; außerdem hatte er eine starke Beziehung zu Gott. Als ein Mann, der den Geboten Gottes gehorchte gehorchte und eng mit ihm zusammenlebte, offenbarte Gott ihm die bevorstehende Zerstörung von Sodom und Gomorrah. Abraham stellte sich mutig als Fürsprecher in die Bresche und flehte Gott inständig um Sodom und Gomorrha an. Er war der festen Überzeugung, dass Gott ein gerechter Richter war und die Gerechten retten würde. Außerdem baute er Altäre für Gott, gab ihm die Ehre und das Lob und verließ sich auf ihn. Er war auch sehr gastfreundlich gegenüber Fremden.

„¹⁷Soll ich vor Abraham verbergen, was ich vorhabe zu tun, da Abraham doch ein großes und mächtiges Volk werden soll?" —
Genesis 18:17-18

Die Bibel beschreibt ihn als einen Freund Gottes, weil er gehorsam war (Genesis 18). Gott erwählte Abraham als den Mann, durch den er die Verheißung der Erlösung für die Welt erfüllen würde. Er wusste, dass Abraham seine Kinder nach dem Willen des Herrn erziehen würde. Deshalb schloss Gott einen Bund mit ihm, um seinen Nachkommen das Land Kanaan zu geben und durch ihn die Völker zu segnen. Tatsächlich wurden die Israeliten später in Ägypten versklavt und zogen danach in Kanaan ein.

Abraham machte trotzdem Fehler. Er schwankte, hörte auf den Rat seiner Frau und bekam einen Sohn mit Hagar, dem Dienstmädchen. Er versagte also, als er ein Kind mit seiner Magd bekam. Aber Gott vergab ihm und ermahnte ihn, treu vor ihm zu wandeln. So erlöste er Abraham und Sara, ungeachtet ihrer Fallstricke. Aus Angst um sein Leben belog er Abimelech auch in Bezug auf Sara. Abraham führte einen rechtschaffenen Lebensstil. Er lebte, um Gott zu gefallen, was ihm Gottes Segen einbrachte. Er glaubte an Gottes Plan, ohne zu wissen, was vor ihm lag. Gott erfüllte auch seine Verheißungen an Abraham. Wie Abraham müssen auch wir Mitgefühl und Liebe für andere aufbringen. Wir müssen also an Gott glauben, in seiner Nähe bleiben und uns für andere einsetzen, wie Gott uns führt.

Der Prophet Moses

Amram und Jochebed brachten Mose in Ägypten zur Welt. Die Tochter des Pharaos rettete Mose aus dem Wasser und zog ihn als ihren Sohn auf, als Jochebed ihn vor dem mörderischen Erlass des Pharaos versteckte. Mose floh aus Ägypten nach Midian, nachdem er einen Ägypter ermordet hatte, um einen Israeliten zu verteidigen, und arbeitete als Schafhirte für seinen Schwiegervater Jethro. Nach vierzig Jahren sprach Gott zu Mose in einem brennenden Busch und bat ihn, nach Ägypten zurückzukehren, um sein Volk aus der Sklaverei zu befreien. Gott beauftragte ihn, die Israeliten aus Ägypten in das Gelobte Land zu führen.

> *„[7]Und der Herr sprach: Ich habe die Not meines Volkes gesehen, das in Ägypten ist, und habe ihr Schreien gehört wegen ihrer Zuchtmeister; denn ich kenne ihr Leid; Und ich bin herabgekommen, um sie aus der Hand der Ägypter zu erretten und sie aus diesem Land in ein gutes und weites Land zu bringen, in ein Land, in dem Milch und Honig fließen, an den Ort der Kanaaniter, Hetiter, Amoriter, Pheresiter, Heviter und Jebusiter."* — *2. Mose 3:7-8*

Mose gehorchte Gott und wurde ein mächtiger Fürsprecher, Prophet und Herrscher für die Israeliten. Er trat in die Bresche und bat um Gottes Gnade für die oft ungehorsamen Israeliten während ihrer vierzigjährigen Reise nach Kanaan. Er empfing Gebote von Gott im Namen der Israeliten. Mose befolgte Gottes Gesetze und Befehle trotz großer Herausforderungen. Er hatte großes Vertrauen in Gott, auch wenn andere an ihm zweifelten. Er hatte heilige Kühnheit und riskierte sein eigenes Leben für Israel.

Außerdem hat Gott durch ihn enorme Wunder vollbracht. Mose führte die Israeliten aus Ägypten heraus, und sie durchquerten das Rote Meer zu Fuß. Gott hat durch ihn das Gesetz gegeben. Er war nicht selbstsüchtig; er lehnte Gottes Versprechen ab, ihn zu erwählen und die Israeliten wegen ihres Ungehorsams zu vernichten.

Gott schätzte die Qualitäten von Mose als wirksamer Fürsprecher für die

Israeliten. Mose betete mutig und bat Gott um Gnade, um von göttlicher Vergeltung abzusehen. Darüber hinaus hatte Mose Liebe und Leidenschaft für den Herrn und zeigte in seinen Gebeten, dass er bei ihm die Oberhand hatte. Dadurch hatte Mose die einzigartige Gelegenheit, mit Gott von Angesicht zu Angesicht zu sprechen.

Obwohl die Bibel ihn als den sanftmütigsten Mann bezeichnet, war Mose fehlbar. Israels häufiges Murren und sein Ungehorsam gegenüber Gottes Wort machten ihn wütend. Er war leidenschaftlich und impulsiv. Als Gott Mose eröffnete, dass er beabsichtigte, das Volk zu vernichten, weil es am Fuße des Berges Sinai ein goldenes Götzenbild anbetete, reagierte Mose schroff. Mose reagierte schroff, als er die bösen Taten des Volkes sah. Wütend zerbrach er die Steintafeln mit den Gesetzen Gottes.

Außerdem gehorchte Mose Gott nicht, als er ihm befahl, mit dem Felsen um Wasser zu sprechen. Weil Mose sich über die Klagen des Volkes ärgerte, schlug er stattdessen mit seinem Stab gegen den Felsen und verstieß damit gegen Gottes Anweisungen. Deshalb erlaubte Gott ihm nicht, das verheißene Land zu betreten. Mose wurde von seinem Zorn und seinen Emotionen überwältigt. Gott beauftragte Mose, sein Volk aus der Knechtschaft und Sklaverei in Ägypten zu befreien. Gott benutzt die Demütigen, nicht die Stolzen. Deshalb demütigte er ihn und machte ihn zum sanftmütigsten Mann der Welt. Mose lehrt uns eine grundlegende Lektion, die uns moralisch und geistlich weiterhilft. Er hatte eine enge Beziehung zu Gott. So fand er Vertrauen in Gott, und Gott war mit ihm.

Wir müssen Gottes Geboten folgen und alles in seine Hände legen, damit er unsere Kämpfe für uns austrägt. Außerdem bringt die Leitung

Verantwortung mit sich.

Das levitische Priestertum

Nachdem Gott die Israeliten aus Ägypten befreit hatte, brauchten sie einen Fürsprecher, weil sie sich nicht aufgrund ihrer Verdienste an Gott wenden konnten. Gott hatte einen Bund mit ihnen als seinem Volk geschlossen, aber sie waren ungehorsam gegenüber dem ersten Gebot, das er ihnen gegeben hatte. Deshalb setzte er Aaron und seine Nachkommen aus dem Stamm Levi als Priester ein, um ihm zu dienen und für Israel einzutreten (2. Mose 19,6).

> „ *12Und nimm zu dir Aaron, deinen Bruder, und seine Söhne mit ihm, aus der Mitte der Kinder Israels, damit er mir im Priesteramt dient, nämlich Aaron, Nadab und Abihu, Eleasar und Ithamar, Aarons Söhne.“ — Exodus 28:12*

Die Leviten waren ein landloser israelischer Volksstamm, der von Levi, einem Sohn Jakobs, abstammte. Aaron war der erste Sohn von Jochebed von Levi, Miriam, der ältesten, und Mose. Gott setzte Aaron neben seinen Söhnen als Priester ein (1. Chronik 23,13). Aaron wurde der erste Hohepriester Israels. Die übrigen Leviten halfen den Priestern in der Stiftshütte unter der Leitung der Priester (Deuteronomium 10,8-9). Gott erlaubte nur den Priestern, ihm zu dienen und für Israel Fürsprache einzulegen.

Zu den levitischen Priestern gehören unter anderem:

- Aaron.

- Eleasar, der Sohn Aarons (Numeri 20:28).

- Pinehas, Sohn des Eleasar.

- Abischua, Sohn des Pinehas.

- Bukki, Sohn des Abischua.

- Uzzi, Sohn des Bukki.

- Ahitub, Sohn des Pinehas.

Samuel, der Prophet und Richter

Der Prophet Samuel war der Prophet Gottes. Er war ein Levit aus der Nachkommenschaft von Kahat. Er war auch ein Seher und der letzte Richter Israels. Samuel leitete Israel über vierzig Jahre lang und salbte den ersten König Israels, Saul, und seinen Nachfolger, David.

Samuel war der Sohn von Elkana und Hanna. Er wurde als Antwort auf das Gebet seiner Mutter Hanna in Ramathaim-Zophim im Bergland von Ephraim geboren. Bevor Samuel geboren wurde, gelobte seine unfruchtbare Mutter, dass sie, wenn Gott ihr einen Sohn schenken würde, ihn in den Dienst Gottes zurückgeben würde. So übergab Hanna Samuel Gott und der Obhut von Eli in Silo. Als kleiner Junge wurde er im Haus von Eli aufgezogen. Gott offenbarte sich Samuel, als er noch unglaublich jung war.

Gott wählte Samuel aus, um Israel zu führen, als Eli und seine Söhne als Priester versagten. Samuel wurde ein mächtiger Prophet und ein Fürsprecher für Israel über viele Jahre hinweg. Er forderte Israel auf, zum Herrn zurückzukehren. Samuel legte Fürsprache bei Gott ein, und der Herr antwortete ihm. Er ermahnte Israel, Gott zu dienen, da er sie auserwählt hatte, und so fürchteten sie den Herrn und dienten ihm. Außerdem warnte er sie davor, Götzen zu dienen, denn Gott hatte sie zu seinem Eigentum machen wollen. Er erinnerte sie auch an seine Güte und daran, nicht ungehorsam zu sein, denn Böses zieht Strafe nach sich.

Als Israel einen König verlangte, missfiel das Samuel, doch er brachte die Bitte vor Gott und erfüllte sie mit einer Warnung. Saul war der erste König, aber Gott verwarf ihn, weil er rebellierte. Deshalb wies Gott Samuel an, David zum König zu salben. Anschließend wählte Gott den Stamm Juda aus und schloss seinen Bund mit dem Haus David in Israel. Er versprach David, dass seine Nachkommen auf dem Thron Israels sitzen würden, bis der gerechte Zweig käme, um seinen Thron wiederherzustellen (2. Samuel 7,8-16).

Jesaja

Gott wählte Jesaja aus, um Juda zu leiten und in die Bresche zu springen, um die Nation vor dem Gericht zu bewahren. Judas Könige und Priester begingen Hurerei, genau wie Israels rückständige Priester. Die Priester missachteten Gottes Gesetz, verachteten die heiligen Gefäße, machten keinen Unterschied zwischen Reinem und Unreinem und weigerten sich, die Sabbate zu halten. Juda missachtete Gottes Wort und verbündete sich mit heidnischen Völkern. Der Prophet Jesaja predigte Umkehr und Wiederherstellung. Er warnte sie auch vor Gottes Zorn und Strafe gegen die Gottlosen, die nicht umkehrten. Jesaja verurteilte Juda für seine Untreue gegenüber Gott. Juda würde in die Gefangenschaft gehen und zur Zeit von Kyrus zurückkehren, und Jerusalem würde zerstört und wieder aufgebaut werden. Jesaja betete jedoch beharrlich und gelobte, so lange Fürsprache einzulegen, bis die Gerechtigkeit in Jerusalem wiederhergestellt sei. Er erzählte von Gottes Güte und bekräftigte, dass er ihr Vater sei. Jesaja bekannte Gott ehrlich seine Sünden und die Sünden seines Volkes. Jesaja hatte auch viele Offenbarungen über den Messias.

Jeremiah

Gott beauftragte Jeremia als Fürsprecher, seinem Volk in Israel seine Worte zu überbringen, als er noch ein Jugendlicher war. Jeremia zweifelte an seiner Fähigkeit zu sprechen, weil er noch jung war. Aber Gott versicherte ihm, dass er mit ihm sein würde, und salbte seinen Mund für den prophetischen Dienst über den Völkern (Jeremia 1). Israel hatte sich von Gott abgewandt und betete trotz all seiner Güte Baal an. Doch Jeremia predigte die Reue Gottes und erinnerte sie an seine Liebe. Gott hatte die ungehorsame Lebensweise der Israeliten und ihr Unvermögen, Gott in ihren Angelegenheiten zu vertrauen, geduldet. Jeremia hielt sich treu an Gottes Wort und warnte das Volk ohne Furcht, aber es tat nicht Buße. Infolgedessen beklagte er sich oft über den Ungehorsam des Volkes gegenüber Gott. Jeremia war Gott treu und verkündete alle Worte, die er ihm sagte. Als Israel im Begriff war, Gottes Zorn zu erfahren, trat er im Namen Israels vor Gott. In seinen Gebeten gestand er, dass sie gegen Gott gesündigt hatten. Er bekannte ihre Ungerechtigkeiten, legte Zeugnis gegen sie ab, und ihre Rebellion war zahlreich geworden. Jeremia bat Gott um seine Gnade, um das Gericht abzuwenden. Sein Volk lehnte ihn jedoch ab. So erlitt Israel das Gericht Gottes.

Er erlebte Qualen und Schmerz, weil die Menschen, denen er half, ihn nicht mochten und Gottes Wort missachteten (Jeremia 18,20). Einige versuchten sogar, ihn zu töten, aber Gott beschützte ihn. Der Herr ließ Juda nicht im Stich, weil er einen Bund mit David geschlossen hatte. Stattdessen sprach er zu Jeremia darüber, wie er die Nation Israel wiederherstellen würde. Wir müssen auf Gottes Warnung reagieren und ihn immer wieder bitten, uns treu zu bleiben, auch wenn Gott unsere Gebete nicht so beantwortet, wie wir es uns wünschen.

Der Prophet Daniel

Daniel war demütig und gehorsam, obwohl er ein Fürst von Juda war. Er war entschlossen, heilig zu sein, selbst in der feindlichen Umgebung der babylonischen Gefangenschaft (Daniel 2). Deshalb beschloss er, sich nicht mit den Speisen des heidnischen Königs zu verunreinigen. Infolgedessen übertrug ihm der König ehrenvoll eine Führungsposition. Daniel hatte eine Beziehung zu Gott und kommunizierte mit ihm durch Gebet. Er war ein Fürbitter, der ein Leben der Hingabe an Gott führte. Er wurde zu einem Gefäß und setzte sich für die Wiederherstellung Israels ein (Daniel 9).

Als Daniel für das Volk Israel Fürsprache einlegte, stellte er sich auf die Seite der Sünden seines Volkes und bekannte ihre Sünden. Er demütigte sich selbst, denn es gibt keinen Gerechten, und betete um Gottes Erbarmen für Israel. Darüber hinaus betete Daniel, ein Mann des Gebets und des Fastens, nicht aufgrund seiner eigenen Verdienste, sondern aufgrund der Barmherzigkeit Gottes. Auch seine Fürbitte diente nur für Gottes Herrlichkeit. Er nahm nie die Ehre Gottes für die vielen Demonstrationen seiner Gaben der Träume und Deutungen in Anspruch.

Ezra

Esra war ein Nachkomme von Aaron, dem ersten Hohepriester. Er war Priester und Schriftgelehrter und kannte sich gut mit dem Gesetz des Mose aus. Esra war ein barmherziger Fürsprecher, der in Babylon lebte, bevor König Artaxerxes ihn nach Jerusalem schickte, um die Gesetze Gottes zu lehren.

Als König Kyrus den Wiederaufbau des Tempels in Jerusalem verkündete, führte Serubbabel die ersten Freiwilligen nach Jerusalem. Nachdem sie den Tempel wieder aufgebaut hatten, führte Esra eine große Gruppe von Exilanten zurück nach Jerusalem; er predigte König Artaxerxes von Gottes Güte und war mutig genug, den König um Hilfe zu bitten. Er vertraute darauf, dass Gott ihn beschützen würde, und er praktizierte, was er predigte. Er war aufrichtig betrübt über die Sünde.

Gott erwählte Esra als Fürsprecher für die Juden. Während Esra mit Gott wandelte, hatte er eine Last für Juda, das von Gottes Wegen abgewichen war. Er führte das Volk dazu, zur Reinheit zurückzukehren und den Geboten des Herrn zu gehorchen (Esra 9).

Als er zum Beispiel hörte, dass einige Führer und Priester entgegen dem Gesetz Gottes heidnische Frauen geheiratet hatten, forderte er das Volk auf, annehmbare Opfer zu bringen und die ausländischen Frauen loszuwerden. Er unterstellte sein Leben der Fürsorge Gottes, um in schwierigen Situationen Frieden zu finden. Gott segnete die Juden nach ihrem Exil in Juda mit einer Erweckung, und sie begannen wieder mit akzeptablen Opfern im Tempel (Esra 10).

Fürbitter im Neuen Testament

Jesus, der Große Hohepriester und letzte Fürsprecher

Jesus ist **der einzige Vermittler** zwischen Gott und den Menschen, der große Hohepriester und letzte Fürsprecher. Auch die Priester und Propheten setzten sich für Israel ein, aber sie hatten alle Fehler, und einige brachen die Gesetze. Sie waren sterblich, hatten kein Mitgefühl, waren unrein, sündigten und mussten ihre Sünden mit dem Blut von Tieren bekennen und sühnen, bevor sie für andere eintreten konnten. Außerdem konnte das Blut der Tiere sie nicht rechtschaffen machen, denn es bedurfte wiederholter täglicher und jahreszeitlicher Opfer zur Sühne. Gott hat jedoch die Menschheit mit dem großen Hohenpriester Jesus, dem verherrlichten gehorsamen Sohn, gesegnet. Er ist das Bild und Gleichnis des unsichtbaren Gottes. In ihm wohnt die Fülle der göttlichen Eigenschaften Gottes (Kolosser 1,19). Er ist heilig, makellos, barmherzig und untadelig.

„⁵Denn es gibt nur einen Gott und nur einen Mittler zwischen Gott und den Menschen, nämlich Christus Jesus." - **1 Timotheus 2:5**

Als Jesus zur rechten Zeit kam, vollbrachte er, was Israels Priester und Propheten nicht vermochten: Er sühnte unsere Sünde mit seinem makellosen Blut, um den sündigen Menschen mit Gott zu versöhnen. Er hatte den perfekten Dienst des Opfers und der Heiligung. Er hat uns seine Gerechtigkeit geschenkt. Das Blut von Böcken und Schafen, das geopfert wurde, konnte die Menschen nicht von ihren Sünden reinigen, aber das makellose Blut, das Jesus einmal für uns vergossen hat, hat uns von aller Ungerechtigkeit gereinigt, damit wir dem lebendigen Gott dienen können

(Hebräer 9:1-28). Die jährliche Pflicht des Hohenpriesters am Versöhnungstag war nur ein Schatten dessen, was Jesus schließlich am Kreuz für die Menschheit tat (Römer 8:34). Jesus hat nie gesündigt. Dennoch hat er mit seinem makellosen Blut ein für alle Mal für unsere Sünden bezahlt. Jesus ist ein barmherziger, treuer und vollkommener Hoherpriester im Himmel, der Verheißungen und Prophezeiungen erfüllt hat die von alten Propheten vorhergesagt wurden. Tierische Blutopfer sind nicht mehr nötig, weil Jesus sein Blut am Kreuz von Golgatha zur Vergebung der Sünden vergossen hat (Hebräer 7:2-25; 8:1-13).

Auch die Beziehung Jesu zu Gott unterschied sich von der aller Priester und Propheten, da Gott die Welt durch Jesus mit sich versöhnte. Er hatte keine Sünde und war rein (Johannes 1:1-5, 30; 3:16, 17). Er ist treu und hat eine vereinte Beziehung zu Gott. Gott vergibt unsere Sünden durch Jesus. Jesus ist über alle Namen im Himmel und auf der Erde erhaben (Hebr. 9:11-15). Unser barmherziger und treuer Hoherpriester wurde ein Mensch und lebte wie wir auf der Erde. Er kennt also die Armut, die Versuchung und das Leiden als Mensch, und doch war er ohne Sünde.

Jesus ist **der einzige Priester, der befähigt ist**, für die Menschheit bei Gott Fürsprache einzulegen, und zwar aus eigenem Recht. Er ist die Wahrheit, das Leben und der einzige Weg zu Gott. Christus ist das fleischgewordene Wort, der Erstgeborene des Toten. Er ist unser Schöpfer, Beschützer und Erlöser. Christus, der Herr, ist größer als die Propheten. Er ist der Fels der Zeitalter, das sichere Fundament, der wichtigste Eckstein. Jesus hat gelitten und uns als Brüder in seiner Menschheit und als Same Abrahams angenommen. Er hat den Teufel besiegt. Darüber hinaus ist Jesus der

Apostel und Hohepriester unserer Seele. Er sieht alles. Er hatte die Vollmacht, Kranke und von Dämonen Besessene zu heilen. Er hat seine Diziplinen vor dem Bösen geschützt, als er auf der Erde war. Er hat für alle, die an ihn glauben, Fürsprache eingelegt, damit wir die Versuchung des Satans überwinden können. Jesus betet weiterhin für uns als unser Fürsprecher im Himmel. Er ist der Grund dafür, dass die Gegenwart Gottes jetzt inmitten seines Volkes ist, denn unser Körper ist der Tempel Gottes. Seine Gegenwart manifestiert sich, wenn wir in unserem Glauben an Christus wachsen, indem wir dem Wort Gottes gehorchen. Er hat die Kirche beauftragt, als Priester an seiner Stelle fortzufahren, sowohl Juden als auch Heiden. So können wir durch ihn mutig im Gebet zu Gott kommen.

Der Heilige Geist als Fürsprecher

Unser Gebetspartner ist der Heilige Geist. Das Privileg, Gemeinschaft mit Gott zu haben, haben wir nur durch den Sohn und den Heiligen Geist. Der Heilige Geist, Teil der Dreifaltigkeit, hat die gleichen Eigenschaften wie Allwissenheit, Allgegenwart (überall gleichzeitig anwesend) und unbegrenzte Macht.

> *„[26]Wir wissen nicht, was wir beten sollen, aber der Geist selbst tritt für uns ein mit wortlosem Seufzen[27] Und der, der die Herzen erforscht, weiß, was die Gedanken des Geistes sind, und weil er für die Heiligen Fürsprache einlegt nach dem Willen Gottes."* —
> **Römer 8:26, 27**

Jesus sicherte seinen Jüngern zu, mit Hilfe des Heiligen Geistes seinen Dienst auf der Erde fortzusetzen. Am Pfingsttag erfüllte Gott diese Verheißung. Dieser Tag erinnert an die Ausgießung des Heiligen Geistes und die Befähigung der Apostel und anderer Jünger, das Evangelium in der Welt zu verkünden. Im Alten Testament kam der Heilige Geist nur periodisch auf die Gerechten. Er besitzt Gefühle, Verstand und Willen und wohnt in den Kindern Gottes, bis Jesus wiederkommt (Johannes 14,26). **Der Heilige Geist ist unser** *Tröster, Beistand, Fürsprecher, Stärke, Fürsprecher und Führer. Der Heilige Geist, der Ratgeber und der Geist der Wahrheit* sind weitere Namen des Heiligen Geistes.

- Er tröstet, legt Fürsprache ein und vollbringt Dinge, die nur Gott vollbringen kann, wie die Schöpfung, die Wiedergeburt und die Heiligung, und er sichert uns das Heil zu.
- Außerdem spricht der Heilige Geist zu uns und bringt die Wahrheit zum Ausdruck.
- Er leitet und lenkt unser Leben durch seine Zuwendung.
- Darüber hinaus stärkt der Heilige Geist unsere Gedanken und befähigt uns, nach dem Willen Gottes zu beten.
- Schließlich hilft er dem Gläubigen, siegreich über die Sünde zu leben und führt uns durch unsere Kämpfe.

Menschen, die an Jesus Christus glauben und auf seine Überzeugung reagieren, erhalten ewiges Leben und eine neue Natur.

- Der Heilige Geist befähigt uns mit geistlichen Gaben zum Zeugnis; er befähigt und verleiht geistliche Gaben zum Zeugnis.

- Ob es sich um eine heilige Aufgabe oder eine nationale Katastrophe handelt, der Geist hilft dem Gläubigen, die ihm auferlegte Last zu tragen.

- Der Heilige Geist tritt für uns ein und erlaubt uns, einzugreifen. Er ist der Geist der Wahrheit, der das Wort Gottes mit göttlichen Offenbarungen lehrt. Der Heilige Geist ist ein Fürsprecher und unser Führer, wenn wir uns ihm anvertrauen. Er hilft uns und zeigt uns, was auf uns zukommt (Johannes 14,16).

- Außerdem tritt er für die Gläubigen auf der Grundlage des Willens Gottes ein, wenn wir nicht wissen, wie oder was wir beten sollen.

- Und schließlich ist er der verlässlichste Verbündete in Zeiten der Not. Die Jünger haben sich in schwierigen Situationen auf ihn verlassen.

Ein Fürbitter folgt der Führung des Heiligen Geistes und wartet auf seine Leitung (Römer 8,26-27).

Erstens hilft uns der Heilige Geist in Zeiten großer Schwierigkeiten zu beten.

Und wenn uns die Worte fehlen, um zu beten, stöhnt er in unserem Namen und tritt für uns bei Gott ein.

Fürbitter in der frühen Kirche
Apostel Petrus

Als neue Schöpfung in Christus und mit der Kraft des Heiligen Geistes wurden die Gläubigen der frühen Kirche zu treuen Fürsprechern.

Petrus war der Jünger von Jesus. Er und sein Bruder Andreas waren Fischer, und ihre Berufung erfolgte, als Jesus sie beim Auswerfen ihrer Netze traf. Jesus sagte zu ihnen: „Folgt mir nach, und ich werde euch zu Menschenfischern machen" (Matthäus 4,18). Das bedeutet, dass sie das Wort verkünden und andere in das Reich Gottes führen sollten (Epheser 2,20-22).

Jesus gab Petrus und den anderen Jüngern die Vollmacht, für die Menschen einzutreten, während sie das Evangelium verkündeten (Matthäus 10,5-40). Sie beteten, um Kranke zu heilen und andere von unreinen Geistern zu befreien. Als Jesus aufstieg, gingen sie außerdem alle nach Jerusalem, um den Heiligen Geist zu empfangen, wie Jesus es ihnen aufgetragen hatte: „Bleibt in der Stadt Jerusalem, bis ihr mit Kraft aus der Höhe ausgestattet werdet." (Lukas 24:49).

Nachdem er den Geist empfangen hatte, lehrte Petrus die Menschen und tadelte ihre Handlungen, so dass an einem Tag etwa dreitausend Menschen gerettet wurden. Schließlich legte er Fürsprache ein, und ein Blinder erlangte sein Augenlicht (Apg. 2, 3). Außerdem betete er für Aeneas, der seit acht Jahren an einer Lähmung litt. Petrus sagte: „Jesus Christus macht dich gesund", und Jesus heilte Aeneas durch Petrus.

Nachdem Jesus Petrus als Leiter der Gemeinde ausgewählt hatte, vollbrachte er viele in der Bibel beschriebene Werke. Obwohl Petrus Jesus verleugnete, als er verhaftet wurde, tat er Buße und erfüllte seinen Dienst als Gemeindeleiter.

Der Apostel Paulus

Paulus verfolgte und inhaftierte Christen, die das Evangelium Christi verbreiteten, mit Duldung der Behörden. Er stimmte zu und war Zeuge der Steinigung des Stephanus. Eines Tages, als er auf dem Weg war, weitere Christen in Damaskus zu verhaften, begegnete er Jesus, und um ihn herum erschien plötzlich ein strahlendes Licht vom Himmel. Dann fiel er zu Boden und hörte eine Stimme, die sagte,

> *„⁴Saul, Saul, warum verfolgst du mich?"* — *Apostelgeschichte 9,4*

Er wurde blind, und die Leute, die Saulus begleiteten, führten ihn nach Damaskus, wo er drei Tage lang fastete.

Außerdem sandte der Herr Ananias, um für Paulus zu beten. Danach blieb Paulus bei den Anhängern des Herrn in Damaskus, wo er in die Synagoge ging und von Christus predigte. Alle, die Paulus' Predigt hörten, waren überrascht, denn sie hatten gehört, was er den Nachfolgern Christi angetan hatte. Paulus predigte mit Kraft und Autorität, was die jüdischen Menschen in Damaskus überraschte. Später planten einige von ihnen, Paulus zu töten. Doch als er davon erfuhr, floh er nach Jerusalem, um bei den Anhängern des Herrn zu sein. Aber sie fürchteten ihn, weil sie nicht glaubten, dass er echt war.

Daraufhin wählte Gott Paulus und Barnabas als Partner aus, und die Gemeinde in Antiochia betete für sie, damit sie sich auf den Weg machten, um zu predigen. Paulus reiste viel umher, um das Wort zu predigen. Leider wurde das jüdische Volk eifersüchtig auf Paulus und misshandelte ihn. Trotz aller Schwierigkeiten war Paulus bereit, für Christus zu sterben.

Ananias

Ananias war ein Gläubiger in Damaskus. Er war ein frommer Beobachter des Gesetzes und von allen dort lebenden Juden hoch geachtet. Gott sandte Ananias, um für Saulus (Paulus) Fürsprache einzulegen, damit er sein Augenlicht wiedererlangte, denn er war während einer Begegnung mit Jesus auf seinem Weg nach Damaskus, um Christen zu verhaften, erblindet (Apostelgeschichte 9,1-9). Ananias war nicht bereit zu tun, was Gott ihm aufgetragen hatte, denn er wusste um das Böse, das Saulus den Nachfolgern Christi angetan hatte. Aber Gott versicherte ihm, dass er Saulus als seinen auserwählten Diener eingesetzt hatte, um vielen den Namen Jesu zu predigen.

> *„¹⁵Der Herr aber sprach zu ihm: Geh hin; denn er ist mir ein auserwähltes Gefäß, dass er meinen Namen trage vor den Heiden und vor den Königen und vor den Kindern Israel."-*
> ***Apostelgeschichte 9:15***

Ananias gehorchte Gott und machte sich auf den Weg zu dem Ort, an dem Saulus untergebracht war. Dann legte Ananias dem Saulus die Hände auf und betete für ihn, wie Gott es ihm aufgetragen hatte.

> *„¹⁷Und Ananias ging hin und trat in das Haus und legte ihm die Hände auf und sprach: Bruder Saul, der Herr, Jesus, der dir erschienen ist auf dem Wege, da du herkamst, der hat mich gesandt, dass du sehend und mit dem heiligen Geist erfüllt werdest." -*
> ***Apostelgeschichte 9,17***

Saulus erlangte sein Augenlicht wieder. Dann taufte Ananias Saulus und bekehrte ihn so zum Christentum. Der Mann, der die Gläubigen verfolgte, hängt nun von einem ab.

Fürbitter heute

Die Israeliten konnten das Heiligtum nicht betreten, um ihre Opfer darzubringen, da nur die levitischen Priester in Gottes Gegenwart kommen konnten. Im Gegensatz dazu kommen die Gläubigen im Neuen Testament durch den großen Hohenpriester, Jesus Christus, direkt zu Gott. Es gibt also keine irdischen Vermittler zwischen Gott und den Menschen. Jesus, unser Hohepriester, hat ein Opfer für die Sünde aller Menschen gebracht, und es sind keine Opfer mehr erforderlich.

Als Jesus starb, zerriss Gott den Vorhang des Tempels und ermöglichte uns so den direkten Zugang zu dem heiligen Ort, an dem wir Gnade empfangen können. Wenn wir also Jesus als unseren Erlöser bekennen und annehmen, werden wir Teil von Gott königlichem Priestertum und erhalten das Vorrecht, im Gebet für uns und andere zum Vater zu kommen.

Gott setzt die Gläubigen als ein Reich von Priestern ein, die ihn im Dienst der Fürbitte vertreten. Der Bibel zufolge hat Jesus jeden Gläubigen zu einem königlichen Priester Gottes gemacht. Jesus hat das Gesetz erfüllt und alle Gläubigen zu Königen und Priestern Gottes geweiht. Daher haben die Gläubigen uneingeschränkten Zugang zum Allerheiligsten, um die Opfer des Lobes und der Danksagung darzubringen (1 Petrus 2,9-10).

So sind auch die Gläubigen Gottes kostbares Eigentum, die auserwählten königlichen Priester, die aus der Finsternis befreit und dazu berufen sind, vor Gott heilig und untadelig zu sein und seine Vorzüge zu verkünden.

> *„¹So ermahne ich nun, dass vor allen Dingen Bitten, Gebete, Fürbitten und Danksagungen für alle Menschen vorgebracht werden,² für Könige und alle, die Gewalt haben, damit wir ein ruhiges und friedliches Leben führen in aller Frömmigkeit und Ehrbarkeit."* — **1 Tim. 2:1-2**

Wir sollen all seinen Willen erfüllen, geistliche Opfer darbringen und den Lobpreis dessen verkünden, der uns aus der Finsternis in sein Licht geführt hat. Der Leib des Gläubigen ist der Tempel des Heiligen Geistes, und unser Herz ist der Altar (1. Korinther 6,19-20). Deshalb hat Gott uns beauftragt, unser Wesen als lebendiges Opfer darzubringen und ihm von Herzen zu dienen (Römer 12,1-2). Gott hat durch Christus die Welt mit sich selbst versöhnt. Darüber hinaus hat er den Gläubigen die Aufgabe übertragen, den **Dienst der Versöhnung fortzusetzen**.

> *„¹⁸ Und alles ist von Gott, der uns mit sich selbst versöhnt hat durch Jesus Christus und uns das Amt der Versöhnung gegeben hat:¹⁹ Dass nämlich Gott in Christus war und versöhnte die Welt mit sich selbst und rechnete ihnen ihre Schuld nicht zu und hat uns das Wort der Versöhnung aufgetragen. ²⁰ So sind wir nun Botschafter für Christus, als ob Gott euch durch uns bäte, wir bitten euch an Christi Statt, dass ihr euch mit Gott versöhnt."* — **2 Korinther 5,18-20**

Jeder Gläubige muss Gott für die Erlösung preisen, die durch Jesus Christus gekommen ist, und ein wohlgefälliges Leben führen, das ihm Ehre und Ruhm bringt. Wir müssen den Menschen um uns herum seine Herrschaft verkünden und dafür beten, dass diejenigen, die in der Finsternis sind, ins Licht kommen, indem wir ihnen helfen, das herrliche Wesen Jesu zu erkennen. Die Heilige Schrift ermutigt die an Christus Glaubenden, sich in Zeiten der Not an den Thron Gottes zu wenden (Hebräer 16,22). Wir müssen ihm erlauben, uns im Gebet zu stärken. Die göttliche Berufung zur Fürbitte wird seine Pläne auf der Erde wie im Himmel verwirklichen (1. Johannes 5,1). Außerdem kann Gott unsere Herzen dazu inspirieren, für Menschen, Familien und Länder einzutreten. Deshalb müssen wir den Ruf beherzigen und mit Mitgefühl und Barmherzigkeit um Gottes Eingreifen, Gnade und Schutz beten, um Seelen vor Gefahren zu bewahren.

Fazit

Das für bittende Gebet ist eine Bitte an Gott um seine Barmherzigkeit zur Wiederherstellung. Heute sucht Gott Fürsprecher, denn alle Christusgläubigen sind zum Dienst der Fürbitte und der Versöhnung berufen worden. Jesus hat den Preis für unsere Erlösung bezahlt, aber die Menschheit versinkt in der Finsternis. Deshalb möchte Gott, dass wir uns erheben und für andere Fürsprache einlegen.

Die Leser müssen verstehen, dass Gott nur die Priester und Propheten auserwählt und geweiht hat, um für sein Volk im Alten Testament einzutreten.

Im **Neuen Testament** jedoch hat Jesus Christus als der ultimative Fürsprecher den Opferpreis bezahlt.

- Er ist der letzte Fürsprecher und Fürsprecher der Menschheit vor Gottes Thron.
- Er hat die Gläubigen zu königlichen Priestern und Fürsprechern Gottes gemacht.

Als die Gläubigen von heute und die Fürsprecher von morgen müsst ihr im Gebet für andere in die Bresche springen. Wir haben den Heiligen Geist als unseren Helfer, um vor Gottes Thron zu treten, unsere Sünden zu bereuen und zu bekennen und in Demut um Vergebung für die Gemeinschaften zu bitten. Welchen Standard verlangt Gott von seinen berufenen Gefäßen? Im folgenden Kapitel werden wir einige Eigenschaften von Fürbittern besprechen.

3

Qualitäten eines Fürsprechers

Gläubige haben den Auftrag, für andere zu beten, aber welche Eigenschaften machen uns zu **wirksamen Fürsprechern**? Fürbitter müssen **göttliche Eigenschaften** haben, um im Dienst der Fürbitte wirksam zu sein. Gott setzt für **seine auserwählten Diener** immer den göttlichen Standard für einen wirksamen Dienst. Seine Propheten, die levitischen Priester als Fürbitter im Alten Testament, führten ein heiliges Leben, getrennt von Sündern, gehorsam, barmherzig und hielten sich strikt an seine Gesetze, da niemand mit Unreinheit zu Gott kommen kann. Dennoch brachen sie einige von Gottes Gesetzen.

> *„¹⁴Die Heiligkeit, ohne die niemand den Herrn sehen wird."* — **Hebr. 12:14**

Doch Jesus, der **makellose Sohn** Gottes, der genaue Abglanz der Herrlichkeit Gottes und das genaue Abbild seines Wesens, ist der einzige vollkommene Fürsprecher (Matthäus 16:16). In seinem irdischen Dienst spiegelte Jesus den Charakter Gottes wider und zeigte göttliche Eigenschaften wie Liebe, Frieden, Barmherzigkeit, Geduld und Gehorsam. Jesus hatte eine innige Gemeinschaft mit Gott, und er hat nie gesündigt. Er hat jeden Gläubigen als Fürsprecher mit dem Heiligen Geist bevollmächtigt, ein gottgefälliges Leben zu führen und die Früchte des Geistes zu tragen. Die Fürbitter folgen also dem Weg des Meisters, Jesus, um eine enge Beziehung zu Gott zu pflegen und gottgefällige Eigenschaften wie Heiligkeit, liebevollen Gehorsam gegenüber seinem Wort, völlige Hingabe und vieles mehr zu zeigen.

Qualifikation der Fürbitter im Alten Testament
Das levitische Priestertum

Gott errichtete das obligatorische Priestertum durch Geburt aus der Familie von Aaron in Israel als Fürsprecher für Israel. Er gab ihnen durch Mose Gesetze, die ihren Lebensstil regeln sollten. Unter anderem verlangte Gott, dass die Priesterschaft die folgenden Eigenschaften haben sollte.

- Heiligkeit.
- Makellos und unbefleckt nach Gottes Maßstab.
- Trennung von Sündern.
- Gehorsam.
- Vollständige Hingabe.

Heiligkeit

Gott ist vollkommen und frei von allem Bösen und allen Fehlern, und niemand kann sich ihm mit Unreinheit nähern. Er verlangt von seinem Dienern, dass sie sich von der Unreinheit der Welt trennen. Er will, dass man ihm aus einem heiligen Herzen dient, weil er heilig ist. Als Gott Abraham nach der Geburt Ismaels erschien, sagte er: „Ich bin Gott, der Allmächtige; wandle vor mir und sei vollkommen" (1. Mose 17,1). Also gehorchte Abraham und lernte Gott kennen. Er baute Altäre und betete ihn an. Auch Hiob war ein aufrechter Mann, der Gott fürchtete und das Böse mied, obwohl seine drei Freunde ihn anklagten.

Als Gott Aaron und seine Söhne zu Priestern erwählte, befahl er ihnen, heilig zu sein und alle Regeln zu befolgen, die er Mose gegeben hatte. Niemand soll sich für die Toten seines Volkes unrein machen, außer für seine nächsten Verwandten. Ein Ehemann muss in seinem Volk rein sein und darf sich nicht entweihen und keine makellosen Opfer darbringen. Sie dürfen keine Prostituierte oder eine unrein gewordene Frau heiraten, und sie dürfen auch keine eine Frau heiraten, die von ihrem Mann geschieden ist; denn der Priester ist seinem Gott heilig, auch unter anderen.

Der Hohepriester darf kein Haar auf seinem Kopf verlieren und seine Kleider nicht zerreißen. Niemand von den Nachkommen Aarons, des Priesters, der einen Makel hat, soll herankommen, um die Speisopfer des Herrn zu opfern; weil er einen Makel hat, soll er nicht herankommen, um das Brot seines Gottes zu opfern und vieles mehr.

Sie wuschen sich auch mit Wasser, trugen heilige Gewänder und brachten Opfer für ihre Sünden dar, bevor sie zu ihm in den Tempel kamen, um für Israel zu beten (Exodus 30:19-21).

> „[44]Ich bin der Herr, euer Gott; weiht euch und seid heilig, denn ich bin heilig." — **Levitikus 11:44**

Gottes heiliges Wesen verabscheut die Sünde, und sein gerechtes Urteil kommt über diejenigen, die seine heiligen Gesetze verletzen. Deshalb bestrafte er diejenigen, die sich und seinen heiligen Tempel verunreinigten.

Der Hohepriester zum Beispiel musste sterben, wenn er das Heiligtum unrein betrat. Die beiden Söhne Aarons starben in der Stiftshütte, weil sie den Protokollen nicht gehorchten und fremdes Feuer vor dem Herrn opferten.

> *„¹¹Seid auf der Hut, dass ihr den Herrn, euren Gott, nicht vergesst und seine Gebote, Gesetze und Verordnungen nicht beachtet, die ich euch heute gebe. " — Deuteronomium 8:11*

Als Israel den Tempel mit Götzen verunreinigte, verließ die Gegenwart Gottes den Tempel, und ihre Feinde zerstörten den Tempel. Ein klarer Beweis dafür, dass Gott keine Unreinheit in seiner Gegenwart duldet. Er wies auch die Opfer der Priester zurück, die sich mit heidnischen Frauen verunreinigten.

Unbescholten

Makellos bezieht sich in der Heiligen Schrift auf diejenigen, die unschuldig und ohne Schuld sind - integer, wahrhaftig, vollkommen, aufrichtig, unbefleckt, aufrecht, ganz, fleckenlos, gehorsam und makellos.

> *„² Wer aufrichtig wandelt und Gerechtigkeit übt und die Wahrheit in seinem Herzen redet. ³Wer mit seiner Zunge nicht lästert und seinem Nächsten nichts Böses tut und keine Schmähungen gegen seinen Nächsten aufnimmt. " — Psalm 15,2-3*

Gott ist in all seinen Wegen untadelig, auch in seinen Urteilen. Er tut kein Unrecht und ist niemals schuldig. Gott befiehlt sein Dienern, untadelig zu sein, weil unsere Treue ihn ehrt. Noah war untadelig und tat gute Dinge, die ihn vom Rest der Menschheit abhoben. Er war ein gerechter Mann, unschuldig unter den Menschen seiner Zeit, und wandelte treu mit Gott (1. Mose 6,9). Auch Hiob war untadelig und aufrichtig vor Gott (Hiob 1,1).

> *„¹³Du sollst vollkommen sein vor dem Herrn, deinem Gott."* -
> ***Deuteronomium 18:13***

Gott befahl den Priestern, untadelig zu sein und ihre Pflichten aufrichtig zu erfüllen. Er verlangte von ihnen, das Volk nach dem Gesetz zu richten und es nicht zu betrügen. So bestrafte Gott zum Beispiel die Söhne des Hohenpriesters Eli für ihren betrügerischen Umgang mit den Opfern. Sie nahmen Anteile von Opfern, die dem Herrn gehörten, und verachteten die Opfergaben (1. Samuel 2,12-17). Als David mit Beerscheba Ehebruch beging und ihren Mann tötete, sagte Gott zu David, dass er anderen Anlass gegeben hatte, seinen Namen zu lästern. Nur die, die untadelig und rechtschaffen leben und die Wahrheit aus ihrem Herzen sprechen, werden in Gottes Zelt wohnen und niemals erschüttert werden (Psalm 15).

Trennung von Sündern

Gott befahl seinem Volk, sich an ihn zu binden und sich von Sündern und dem weltlichen System abzusondern, damit gottlose Menschen sie nicht beeinflussen können, anderen Göttern zu dienen. So befahl Gott zum Beispiel Abraham, seine Verwandten zu verlassen und in ein Land zu reisen, das er ihm zeigen würde. Er befahl den Israeliten auch, die Baal anbetenden Kanaaniter nicht zu heiraten, da sie sie sonst in den Götzendienst verwickeln würden. Als Salomo heidnische Frauen heiratete, verführten sie ihn zum Götzendienst (Deuteronomium 7:3-8; Exodus 34:15-17, 1 Könige 11:1-6). David sprach auch über die Trennung von Sündern, als er sagte: „Ich sitze nicht bei Betrügern, und ich verkehrte nicht mit Heuchlern." (Psalm 26:4).

„¹Und der HERR redete zu Mose auf dem Gefilde der Moabiter am Jordan bei Jericho und sprach:² Befiehl den Kindern Israel, dass sie den Leviten von ihrem Erbteil Städte geben, darin zu wohnen; und ihr sollt den Leviten auch Vorstädte geben für die Städte um sie her. ³Und die Städte sollen sie haben, dass sie darin wohnen, und ihre Vorstädte sollen sie haben für ihr Vieh und für ihr Gut und für all ihr Vieh." — **Numeri 35:1-4**

Gott trennte den Stamm Levi physisch vom Rest der Israeliten, als er sie zum Dienst vor ihm auswählte. Er gab den Leviten ihre Städte getrennt von den übrigen Stämmen des Volkes. So wohnten die Priester zusammen, und die Leviten lebten zusammen in Städten, die ihnen von den übrigen Stämmen Israels gegeben wurden. Als Israel den Tempel mit Götzen verunreinigte, verließ die Gegenwart Gottes den Tempel, und die Feinde zerstörten den Tempel. Ein klarer Beweis dafür, dass Gott keine Unreinheit in seiner Gegenwart duldet. In ähnlicher Weise wies Gott die Opfer der Priester zurück, die sich mit heidnischen Frauen verunreinigten.

Gehorsam

Gott verlangt von seinen treuen Dienern, dass sie seinem Wort auf seine Weise und zu seiner Zeit gehorchen. Er belohnt den Gehorsam mit Segnungen, die unseren Seelen Ruhe bringen. Er hat sein Wort über seinen Namen erhoben und verlangt völligen Gehorsam gegenüber seinem Wort. Abraham zum Beispiel glaubte und gehorchte Gott, und dafür segnete Gott ihn, und er wurde ein Freund Gottes genannt (Genesis 18). Seine herausragende Eigenschaft war sein Glaube und sein Gehorsam gegenüber Gott. Als Gott ihn aufforderte, das Haus seines Vaters zu verlassen und ein unbekanntes Ziel anzusteuern, gehorchte er ohne zu zögern dem Befehl Gottes. Außerdem gehorchte er Gott, als er seinen Sohn opfern sollte, aber Gott stellte ihm einen Widder anstelle seines Sohnes zur Verfügung, als er ihn gerade opfern wollte. Er glaubte, dass Gott für ihn sorgen würde.

Mose war ein Beispiel für jemanden, der trotz großer Herausforderungen den Gesetzen Gottes gehorchte, weil er großes Vertrauen in Gott hatte. Er hatte die Kühnheit und den Willen, sein eigenes Leben für Israel zu riskieren. Mose führte die Israeliten gehorsam aus Ägypten durch das Rote Meer. Gott befahl den levitischen Priestern, alle Gesetze zu befolgen, die Mose ihnen gab.

Auch Samuel war gehorsam, denn er folgte den Anweisungen Elis, selbst als Gott ihn in seiner Jugend rief. Er ermutigte Israel, dem Herrn zu folgen, und zog die Menschen für ihren Ungehorsam zur Rechenschaft. Samuel war Gott treu und ehrlich, als er Gottes Gesetz verkündete. Was immer Gott ihm sagte, gab er auch an das Volk weiter (1. Samuel 9,27).

Daniel war demütig und gehorsam. Er war entschlossen, die Gebote Gottes zu befolgen, selbst in der feindseligen heidnischen Umgebung der babylonischen Gefangenschaft (Daniel 2). Er beschloss, sich nicht mit den Speisen des heidnischen Königs zu verunreinigen. So ehrte Gott ihn, indem er ihn in Führungspositionen erhob und ihm ein langes Leben mit der Gabe schenkte, Träume und Visionen zu deuten. Er wurde zu einem Gefäß und legte Fürsprache für die Wiederherstellung Israels ein (Daniel 9).

Vollständige Hingabe

Die Fürbitter müssen auf persönliche Annehmlichkeiten verzichten, um Gottes Mission zu erfüllen. Totale Hingabe ist der einzige Weg, Gott treu zu dienen. Abraham verließ seine Verwandten in Mesopotamien und zog nach Kanaan. Er war gehorsam bereit, seinen Sohn Isaak zu opfern, als Gott ihn dazu aufforderte. Nachdem Isaak an einen Altar gebunden worden war, erkannte Gott seine Bereitschaft und stellte ihm ein Opferlamm an Isaaks Stelle zur Verfügung. Ein Bote Gottes hielt Abraham vor der Opferung auf und sagte: „Jetzt weiß ich, dass du Gott fürchtest" (1. Mose 22,1-19). Abraham blickte auf, sah einen Widder und opferte ihn.

Mose musste die Last des Volkes Israel während der vierzigjährigen Reise von Ägypten nach Kanaan tragen. Sie drohten sogar, ihn zu steinigen, aber er widmete sich Gottes Auftrag.

Gott weihte die levitischen Priester und die Leviten zur völligen Hingabe an seinen Dienst. Neben ihren priesterlichen Pflichten verrichteten sie keine Arbeit, und Gott sorgte für ihre Bedürfnisse, indem er ihnen Anteile an den Opfergaben und -gaben zukommen ließ.

Doch einige Priester, wie die Söhne Elis, missbrauchten diese Privilegien, verweigerten die Gerechtigkeit und betrogen das Volk. Falsche Propheten gaben gefälschte Visionen, die im Widerspruch zu Gottes Wort standen. Zum Beispiel versicherten sie dem Volk Hoffnung, obwohl Jeremia davor gewarnt hatte, dass die Babylonier Jerusalem einnehmen würden.

Dies geschah, nachdem einige Priester die Gefäße des Tempels verunreinigt und den Sabbat missachtet hatten, im Tempel keinen Unterschied zwischen

Heiligem und Profanem machten und Götzen verehrten. Außerdem misshandelten sie ihre Frauen, Witwen und Waisen und unterdrückten Fremde.

Die Qualifikation der Fürbitter im Neuen Testament
Jesus, der ultimative Fürsprecher

Die Fürsprecher des Alten Testaments waren unvollkommen. Deshalb sandte Gott zu gegebener Zeit seinen einzigen Sohn, Jesus, als vollkommenen Hohepriester für Juden und Nichtjuden. Jesus war heilig, untadelig und von den Sündern getrennt (Hebräer 7:26-28).

Erstens hat Gott Jesus als Messias mit einem ewigen Auftrag gesalbt (Hebräer 7:1-21). Zweitens beruhte sein Priestertum auf Gottes Verheißung der Erlösung für alle Menschen durch Abraham. Drittens hat er sich selbst einmal vor dem Herrn als Opferlamm für uns geopfert (Matthäus 27,46). Er muss also nicht täglich für unsere Sünden büßen, wie es die levitischen Priester für Israel taten. Außerdem kann er diejenigen, die durch ihn zu Gott kommen, in Ewigkeit retten. Jesus sitzt jetzt zur Rechten des Vaters als der große Hohepriester und tritt für die Menschheit ein. Als unser Vorbild hat Jesus als der ultimative Fürsprecher die folgenden Eigenschaften gezeigt :

- Beziehung zu Gott.
- Heiligkeit.
- Unbescholten.
- Abgrenzung von der Welt.
- Gehorsam.
- Vollständige Hingabe.

Beziehung zum Vater

Die Dreifaltigkeit umfasst drei Personen: den Vater, den Sohn und den Heiligen Geist. Jesus hatte eine einzigartige Beziehung zu seinem himmlischen Vater. Er war gehorsam und mit Gott vereint, als er auf Erden Dinge tat, die seinem Vater gefielen. In allem, was er tat, war er eins mit dem Vater (Johannes 10:30). Jesus ist das *Abbild* und die Ausstrahlung von Gottes herrlichem Natur Gottes, der alle Dinge durch sein mächtiges Wort aufrechterhält. Er zeigte die Elemente von Gottes Charakter, wie Liebe, Heiligkeit, Allmacht, Gerechtigkeit, Gnade und Barmherzigkeit. Er hatte eine perfekte Beziehung zu Gott, weil sie eins sind. Darüber hinaus ist Jesus der einzige Vermittler zwischen Gott und den Menschen, denn nur er konnte aus eigenem Recht zu Gott gehen, um für uns zu bitten. Jesus zog sich gewöhnlich von den Menschen zurück, um mit ihnen zu sprechen. Gott, dessen Gegenwart immer bei ihm war.

„⁷Nähert euch Gott und er wird sich euch nähern." — *Jakobus 4:7*

Jesus *hing von* seinem Vater *ab*. Er tat nichts aus eigenem Antrieb, obwohl er dem Vater gleichgestellt war. Alles, was er tat, geschah nach dem Wort Gottes. Jesus unterwarf sich seinem Vater wie ein Sohn, gehorchte allen seinen Gesetzen und wandelte in Demut vor seinem Vater. Außerdem glaubte er an die Liebe seines Vaters und lebte nach seinem Willen. Seine innige Beziehung zu Gott war die Quelle seiner Liebe, seines Mitgefühls, seiner Gnade, seiner Weisheit, seiner Salbung und seiner Kraft, die er für seinen irdischen Dienst brauchte (Johannes 20:17, Mat. 27:46). Jesus tat nichts von sich aus, sondern nur das, was er seinen Vater tun sah. „Denn der Vater liebt den Sohn und hat dem Sohn gezeigt, was er tut." (Johannes 5:20).

Jesus zeigte seine Werke auch den Jüngern auf der Erde. Er arbeitete mit Gott zusammen, um Leben zu geben. Er suchte nicht seinen Willen, sondern den Willen dessen, der ihn gesandt hatte, und Gott bestätigte ihn (Matthäus 3,13-17). Außerdem hat Gott ihn geehrt, ihm einen Namen gegeben, der über allen Namen steht, und alles in seine Hände gelegt. Deshalb sitzt er zur Rechten des Vaters in der Höhe als Fürsprecher für die Menschen (Heb 1,3.13). Seine Jünger verließen sich auf ihn, um die Worte des ewigen Lebens zu erhalten. Sie liebten ihn und glaubten an ihn. Jesus offenbarte ihnen den Vater, was sich in ihrem Wirken nach seinem Weggang widerspiegelte. Dadurch, dass Jesus ihnen Gott als den Vater vorstellte, erlebten die Jünger eine neue Beziehung zu Gott.

Wirksame Fürbitte ist in einer Beziehung zu Gott durch Jesus verwurzelt. Wir müssen Jesus als unseren Erlöser annehmen und uns seiner Herrschaft unterwerfen, indem wir seinen Gesetzen gehorchen. Von unserer Position als seine Kinder in Christus aus sprechen wir mit ihm, meditieren über sein Wort und nehmen an seinem Werk auf Erden teil.

Daher muss jeder Fürbitter eine persönliche und nährende Beziehung zu Gott durch Jesus haben. Jesus ist der einzige Weg zu Gott. Der höchste Wert des Reiches Gottes ist die Beziehung. Er teilt sein Herz mit den Fürbittern, wenn wir dafür beten, dass sein Wille auf Erden geschieht. Er belohnt unser Vertrauen und unseren Glauben mit Kraft, Stärke, Liebe, Wissen und Frieden.

„¹⁸Niemand hat Gott je gesehen; der eingeborene Sohn, der im Schoß des Vaters ist, der hat ihn verkündigt. ¹⁹Und dies ist der Bericht des Johannes, als die Juden Priester und Leviten aus Jerusalem schickten, um ihn zu fragen: Wer bist du?" — ***Johannes 1:18***

Deshalb müssen wir das größte und erste Gebot befolgen: Gott mit ganzem Herzen, ganzer Seele und ganzem Verstand zu lieben, indem wir uns ihm hingeben. Wir müssen täglich Gemeinschaft haben, indem wir das Wort Gottes lesen und ihm gehorchen, ihn preisen und anbeten. Unsere Priorität im Gebet sollte immer die Gemeinschaft mit dem Vater sein. Unsere Beziehung zu Gott muss sich in unserer Beziehung zu den Menschen widerspiegeln. Es muss gute Nachbarschaft und ein harmonisches Verhältnis, Freundlichkeit und Barmherzigkeit herrschen. Auch Liebe, Ehre und Respekt für unsere Eltern und Geschwister fördern unsere Beziehung zu Gott. Die Sünde trennt uns von Gott, aber Reue stellt unsere Beziehung zu ihm wieder her. Jesus, unser Vermittler, stellte die Gemeinschaft wieder her, die Adam und Eva im Garten Eden verloren hatten. Deshalb nimmt Gott uns mit offenen Händen als seine Kinder an, wenn wir Jesus als unseren Herrn annehmen.

Heiligkeit

Jesus ist der heilige Sohn Gottes. Der Heilige Geist hat Jesus als den eingeborenen Sohn Gottes gezeugt, der dem Herrn um unseretwillen heilig ist. *„²⁴Was willst du von uns, Jesus von Nazareth? Bist du gekommen, um uns zu vernichten? Ich weiß, wer du bist, der Heilige Gottes!"* — ***Markus 1:24***

Heiligkeit bedeutet Trennung vom Profanen - von der Welt der Sünde, der Finsternis und des Bösen. Gott ist heilig und vollkommen in all seinen Wegen und toleriert die Sünde nicht. Das menschliche Bemühen, ihn zu erkennen, ist wegen seiner Erhabenheit fruchtlos, aber er offenbart sich dem Menschen durch Jesus. Er ist der Heilige Vater. Sein Name, seine Gesetze und seine Bündnisse sind heilig. Also müssen auch seine Engel, Propheten und Auserwählten heilig sein.

> „[14]Wie viel mehr wird das Blut Christi, der sich selbst durch den ewigen Geist Gott ohne Makel dargebracht hat, euer Gewissen von toten Werken reinigen, damit ihr dem lebendigen Gott dient" - **Hebräer 9:14**

> „[12]Da redete Jesus abermals zu ihnen und sprach: Ich bin das Licht der Welt; wer mir nachfolgt, der wird nicht wandeln in der Finsternis, sondern wird das Licht des Lebens haben." - **Johannes 8:12**

Die Heiligkeit Christi zeigte sich in seiner Liebe zur Gerechtigkeit und seinem Hass auf Ungerechtigkeit und Böses. Da er vollkommen und makellos war, liebte er die Gerechten und tadelte die Ungerechtigkeit der Menschen, einschließlich der Priester und Pharisäer.

> „[9]Du hast die Gerechtigkeit geliebt und die Ungerechtigkeit gehasst; darum hat dich Gott, dein Gott, mit dem Öl der Freude gesalbt, das dich von deinen Mitmenschen unterscheidet." - **Hebräer 1:9**

Christus zeigte Heiligkeit in Tat und Wort; er sündigte nie und sprach keine Lüge, obwohl die Juden ihn viele Male versuchten und bedrängten. Stattdessen tat er alles nach dem Willen des Vaters (Johannes 12,49). Sein heiliges Wesen zeigte sich im ständigen Sieg über die Versuchung.

Obwohl Satan ihn dazu verleitete, von Gottes Plan abzuweichen, indem er seine Autorität missbrauchte, blieb er Gott treu. Er benutzte die Heilige Schrift, um allen solchen Versuchungen zu widerstehen (Hebräer 4,15; Matthäus 4,1-11). In ähnlicher Weise verlangte er von seinen Jüngern absolute Vollkommenheit ohne Kompromisse (Matthäus 5,48). Er tadelte die Sünde aufs Schärfste, obwohl er Sündern gegenüber Mitgefühl zeigte. Er rettete die Menschen von ihren Sünden und riet ihnen, rechtschaffen zu sein, um der ewigen Verdammnis zu entgehen (1. Petrus 2,24; Matthäus 25,31-32). Selbst unreine Geister erkannten Jesus als den „Heiligen Gottes" (Markus 1,24).

Er hat sich selbst und die Apostel mit der Wahrheit geheiligt (Johannes 17,19). Er ist von den Toten auferstanden, weil das Grab ihn nicht halten konnte (Psalm 16,30). Jesus ist heilig, und doch hat er Mitgefühl mit unseren Kämpfen. Deshalb müssen wir Fürbitter als neue Schöpfung in Christus, geboren aus Wasser und Heiligem Geist, heilig sein, um Gott im Geist und in der Wahrheit anzubeten. Wir streben mit ganzem Herzen nach Heiligkeit, denn ohne Heiligkeit kann niemand Gott sehen. Gott erwartet von uns, dass wir heilig sind, weil er das Reine nicht mit dem Profanen vermischt. Sein Wort sagt, dass Heiligkeit ihn verherrlicht, weil er heilig ist. Heiligkeit ist der Kern der göttlichen Natur Gottes. Gott ist heilig, und er ist in seinem Wesen ohne Sünde. Er ist sündlos und kann unsere Sünde in keiner Form übersehen, wie z. B. Zorn, Bitterkeit, Streit, Unzucht, Ehebruch, Götzendienst, Stolz, Unversöhnlichkeit und mehr (Gal. 5,18-21). Er richtet die Sünde, weil die Gerechtigkeit aus seiner Heiligkeit kommt. Er schenkt jedoch Gnade, wenn wir Buße tun.

Folglich müssen wir das Böse hassen und unsere versteinernde Sünde bekennen, um Vergebung zu erlangen. Er verlangt eine reine Beziehung durch Jesus. Seine Heiligkeit verlangt, dass wir unsere sündigen Neigungen aufgeben, um uns seine Güte anzueignen, denn das, was ihm gehört, ist heilig (Römer 12,1-2).

Wir müssen der Heiligen Schrift gehorchen und in seiner Gegenwart unter der Herrschaft des heiligen Jesus verweilen, damit unsere Handlungen und unsere Einstellung Gott gefallen (1. Korinther 7,1). [Geben Sie hier Ihre berufliche Telefonnummer ein].

Wir müssen die Sünden und Missetaten unserer Generation aufgeben und bekennen, damit er unsere Gebete erhören kann. Jesus bietet göttliche Erlösung und tägliche Verwandlung für die Ungerechten, Gottlosen und Unreinen an, erwartet aber nicht, dass wir zu den weltlichen Lüsten zurückkehren. Die Bibel fordert uns auf, Gott zu danken und ihn um Befreiung vom Bösen anzuflehen (1. Thessalonicher 2:10-13).

„¹⁴als gehorsame Kinder, die sich nicht nach den früheren Lüsten in ihrer Unwissenheit gestalten;¹⁵ Wie aber der, der euch berufen hat, heilig ist, so seid auch ihr heilig in allem Wandel;¹⁶ denn es steht geschrieben: „Ihr sollt heilig sein, denn ich bin heilig." — 1 **Petrus 1:14-16**

Alle Formen des Bösen und der Unreinheit, wie z.B. ein bitterer und unversöhnlicher Geist, behindern Gebete und die Gemeinschaft mit Gott. Jesus sagte: „Wenn ihr aber den Menschen ihre Verfehlungen nicht vergebt, so wird auch euer Vater euch eure Verfehlungen nicht vergeben" (Matthäus 6,15). Wenn wir verbittert oder unversöhnlich sind, wird Gott unsere Gebete nicht erhören.

Deshalb müssen wir Gott erlauben, mit unserem Schmerz umzugehen, denn er ist unser Rächer und Richter. Jesus hat denen, die ihn gekreuzigt haben, vergeben und für sie gebetet.

Unbescholten

Jesus ist von Natur aus ewig sündlos, denn er lebte vollkommen mit Gott, bevor er auf die Erde kam. Sein irdisches Leben war vollkommen und ohne Sünde (Mat 4,1-10). Er ist zu Gott aufgefahren und lebt in Vollkommenheit. Jesus ist reinen Herzens, untadelig und frei von Sünde und Schuld. Sein Sieg über Sünde und Versuchung bewies, dass er göttlich war. Er war unerschütterlich im Geiste und konzentrierte sich fest auf Gottes Willen und seine Liebe zu den Menschen.

Außerdem gab es bei Jesus keine Unbeständigkeit und keinen Zweifel, sondern Harmonie, Frieden und Stabilität. Der Sohn Gottes war immer bereit, den Willen seines himmlischen Vaters zu tun (Johannes 14:30). Alles, was Jesus tat und sagte, geschah im Gehorsam gegenüber Gott

Er hatte reine Motive und ein mit Gott vereintes Herz. Er erfüllte Gottes Willen zu seiner Ehre. Eine aufrichtige Seele hasst das Böse und dient Gott von ganzem Herzen, selbst inmitten von Prüfungen.

„²⁶Denn wir haben nicht einen Hohenpriester, der nicht mit unseren Schwachheiten mitfühlen könnte, sondern einen, der in jeder Hinsicht versucht worden ist wie wir, aber ohne Sünde. " —
Hebräer 7:26

Die Ankläger Jesu versuchten vergeblich, etwas Böses gegen ihn zu finden. Die Hohenpriester und die Pharisäer brachten falsche Zeugen, um gegen ihn auszusagen, aber ihre Aussagen waren widersprüchlich, denn er war unschuldig. Er hat niemanden bestohlen oder betrogen.

Er suchte auch nicht den Ruhm und das Lob der Menschen. Er antwortete nicht, als sie ihn ohne Grund beschimpften, schlugen und verurteilten. Jesus hatte Autorität über den Feind, weil kein Betrug in ihm war (Johannes 14,30). Er ist der Vermittler zwischen dem unvollkommenen Menschen und dem heiligen Gott, weil er für unsere Sünden mit seinem makellosen Blut bezahlt hat. Jesus ist also der Retter, der Weg, die Wahrheit und das Leben; ohne ihn kann niemand Gott sehen (Johannes 14,6).

Wie Jesus müssen auch die Fürbitter vor Gott und den Menschen untadelig sein. Wir müssen mit einem reinen Herzen dienen. Ein reines Herz erhalten Fürbitter durch Weihe und Gehorsam gegenüber dem Wort. Unsere Worte und Taten müssen im Einklang mit dem Wort Gottes stehen. Jede Sünde ist eine Angelegenheit des Herzens, das gereinigt werden muss. Ein reines Herz ist die Voraussetzung für eine wirksame Fürbitte.

„⁸Selig sind, die reines Herzens sind; denn sie werden Gott schauen." — **Matthäus 5:8**

Nur Gott kann unsere Herzen reinigen, wenn wir uns ihm unterordnen. Wir müssen unsere Sünden bekennen und seinem Wort gehorchen. Die Bibel sagt, dass diejenigen mit reinen Händen, reinen Herzen und ohne Eitelkeit das Angesicht Gottes suchen können.

Das Streben nach Rechtschaffenheit führt zu einem reinen Herzen. Wir müssen also unseren Wandel mit Gott ständig überprüfen, um vor ihm und den Menschen untadelig zu sein. Die Fürbitter müssen dafür beten, dass ihre Seelen hungrig und durstig nach Gerechtigkeit werden.

> *„[45]Der gute Mensch bringt Gutes aus dem guten Schatz seines Herzens hervor, der böse Mensch aber bringt Böses aus dem bösen Schatz seines Herzens hervor. Denn aus dem Überfluss des Herzens redet der Mund." —* ***Lukas 6:45***

Deshalb müssen wir Sünden des Herzens wie Zorn, Habgier, Bitterkeit, Wut, Eifersucht und Hass vermeiden. Diese manifestieren sich in unseren Entscheidungen, Handlungen und Äußerungen, wenn wir legalistisch und selbstgerecht werden, mit einer routinemäßigen Form der Pflicht ohne Leidenschaft für den Dienst an Christus.

So werden unsere Gebete, die das Leben beeinflussen sollen, zu Worten ohne Kraft, und wir verlieren den Fokus auf unsere göttliche Bestimmung und achten auf Dinge, die keinen ewigen Wert haben. Nur Jesus kann alles herausholen und ein reines Herz und einen erneuerten Geist schaffen, damit wir aus echtem Herzen beten können, wenn wir uns ihm hingeben.

Getrennt von Sündern

Jesus war in seinem Herzen von den Sündern getrennt. Er war moralisch vollkommen, von reinen Gedanken erfüllt und erkannte schnell das Richtige. Dennoch war er sanftmütig und von Herzen demütig. Er fügte sich stets dem Willen Gottes. Jesus leugnete seine Göttlichkeit nicht, aber er speiste und predigte den Sündern, um die Verlorenen zu retten.

> *„Denn ein solcher Hoherpriester ist uns geworden, der heilig, unschädlich, unbefleckt, abgesondert von den Sündern und höher als der Himmel ist."* — **Hebräer 7:26-28**

Als Fürsprecher ist er nicht gekommen, um die Gerechten, sondern die Sünder zur Umkehr zu rufen. Die Selbstgerechten konnten sein Evangelium nicht annehmen. Er streckte seine Hand aus, um Sünder wie Zachäus und die samaritanische Frau zu retten. Jesus befreite die Ehebrecherin vom Tod und die von Dämonen Besessenen, wie Maria Magdalena, die eine überzeugte Anhängerin wurde. Gott möchte, dass Gläubige und Fürbitter vom weltlichen System getrennt werden, dass sie von der Sünde getrennt werden und dass sie Gott zu einem heiligen Zweck geweiht werden. Jesus hat ihre Sünden nie entschuldigt.

> *„Darum geht hinaus aus ihrer Mitte und sondert euch ab, spricht der Herr, und rührt nichts Unreines an, so will ich euch aufnehmen."* — **2 Korinther 6:17**

Gott will, dass wir für Ungläubige predigen und beten, aber er will nicht, dass seine Kinder mit ihrer Gottlosigkeit verkehren. Wir sind Gottes Tempel und sollten nichts mit der Finsternis zu tun haben.

*„Seid nicht ungleich mit den Ungläubigen. Denn was für eine Gemeinschaft haben Gerechtigkeit und Ungerechtigkeit, und was für eine Gemeinschaft hat das Licht mit der Finsternis? Und welche Einigkeit hat Christus mit Belial? oder welchen Anteil hat ein Gläubiger mit einem Ungläubigen? Denn wir sind ein Tempel des lebendigen Gottes, wie Gott gesagt hat: „Ich will in ihnen wohnen und in ihnen wandeln, und ich will ihr Gott sein, und sie sollen mein Volk sein. Darum geht hinaus aus ihrer Mitte und sondert euch ab, spricht der Herr, und rührt nichts Unreines an, so will ich euch aufnehmen und will euch ein Vater sein, und ihr sollt mir Söhne und Töchter sein, spricht der Herr, der Allmächtige.“ — **2 Korinther 6,14***

Paulus forderte die Korinther auf, sich vor den „so genannten" Gläubigen in Acht zu nehmen, die zwar behaupten, Christen zu sein, aber im Gegensatz zu den Aussagen der Bibel leben.

*„¹¹ Nun aber habe ich euch geschrieben, dass ihr nicht mit ihnen verkehren sollt, wenn jemand, der ein Bruder genannt wird, ein Hurer oder ein Habsüchtiger oder ein Götzendiener oder ein Räuber oder ein Trunkenbold oder ein Wucherer ist; mit einem solchen sollt ihr nicht essen. ¹²Denn was habe ich zu tun, dass ich auch die richte, die draußen sind? Richtet ihr nicht die, die drinnen sind? ¹³Aber die draußen sind, die richtet Gott. Darum tut den Gottlosen aus eurer Mitte weg.“ — **1 Korinther 5:11-13***

Das Gebot bedeutet einfach, sich von der Sünde zu trennen. Sünde und Heiligkeit sind der Grund, warum Jesus gestorben ist, und er erwartet von allen Gläubigen, dass sie seinen Lehren gehorchen und sie befolgen, indem sie der Sünde entsagen und ein heiliges Leben führen.

Gehorsam

Gehorsam ist der sicherste Weg zur Anbetung und Verherrlichung Gottes. Es ist der einzige Weg, um Liebe, Respekt und Wachstum in unserer Beziehung zu ihm zu zeigen. Gott schuf den Menschen, damit er sich um alle Schöpfungen kümmert und über die Erde herrscht. Unser Gehorsam zeigt die Dankbarkeit für die Segnungen, die uns zuteilgeworden sind. Jesus war dem Willen Gottes und seinen Gesetzen uneingeschränkt gehorsam, einschließlich eines schändlichen Todes für die Erlösung der Menschheit.

Er unterwarf sich seinem Vater und war frei von Sünde und Kompromissen. Gott belohnt Gehorsam. Weil Jesus sich ihm völlig unterworfen hat, hat Gott ihn erhöht und ihm alles gegeben (Philipper 2,9-11). So bewirkt die Autorität des Namens Jesu, dass sich jedes Knie, jede Situation und jeder Umstand im himmlischen, irdischen und dämonischen Bereich unterordnet und in Ehrfurcht beugt.

Jesus ist unser Beispiel für die Unterwerfung unter Gottes Willen, um Segen, Frieden, Freude, Liebe und Geduld in Fülle zu erlangen. Außerdem hängen fruchtbare Gebete vom Gehorsam gegenüber Gottes Wort und seiner geistlichen Autorität über diejenigen ab, die seinen Befehlen gehorchen. Völlige Unterordnung unter Gott und seine geistliche Autorität ist der Schlüssel zu wirksamer Fürbitte. Mächtige Fürbitter unterwerfen sich dem Willen und der Absicht Gottes durch Jesus. Daher wirken Gebet und Gehorsam zusammen. Denn sein Wort sagt: Wenn wir in ihm bleiben und seine Worte in uns bleiben, wird er unsere Wünsche erfüllen. Fürbitter haben Macht und Autorität, wenn sie sich Gott durch Jesus unterordnen. Wenn wir nicht in ihm bleiben und seinen Gesetzen gehorchen, können wir nichts tun und keine Frucht bringen. Wenn wir rebellieren, fallen wir in die Hände des Feindes mit schlimmen Folgen (Lukas 6,29-37).

Außerdem segnet Gott unsere Rechtschaffenheit und unseren Gehorsam als Fürsprecher, indem er unsere Gebete erhört. Wir müssen uns also in vollem Gehorsam dem Wort Gottes ergeben.

Vollständige Hingabe

Gott befiehlt uns, uns ihm mit ganzem Herzen zu widmen. Wir zeigen unsere Hingabe an Gott durch eifrige Zuneigung - indem wir ihm offen unser Herz in Ehrfurcht, Dienst, Glauben und Heiligkeit schenken. Gott möchte, dass sein Volk ihm allein dient. Deshalb verabscheut er den Götzendienst. Jesus verließ seine herrliche Wohnung im Himmel, um ein demütiges Opfer zu werden, damit wir an seiner Herrlichkeit teilhaben und das ewige Leben bei seinem Vater genießen können. All das tat er aus völliger Hingabe an Gott und um Gottes Auftrag zu erfüllen (Joh. 4,34).

> *„[14] auf dass wir hinfort nicht mehr Kinder seien, hin und her geworfen und umhergetrieben von jedem Wind der Lehre, durch die List der Menschen und die Schlauheit, mit der sie auflauern, um zu verführen,[15] sondern dass wir, indem wir die Wahrheit in Liebe reden, in allem zu dem heranwachsen, der das Haupt ist, nämlich Christus"* — ***Epheser 4:14-15***

In gleicher Weise predigten die Apostel hingebungsvoll das Evangelium, obwohl sie von den Pharisäern bedroht wurden. Die Juden töteten und inhaftierten einige der ersten Christen, aber sie erzählten von ihren Erfahrungen, während sie evangelisierten und die Menschen zur Umkehr ermahnten. So ist auch das christliche Leben eine Verpflichtung gegenüber Gott durch Jesus Christus. Wir kommen ihm näher, wenn sich unsere Beziehung durch hingebungsvollen Dienst und Gebet vertieft (1 Thessalonicher 5,17). Wir müssen Christus in jedem Aspekt unseres Lebens zeigen und uns seiner Gegenwart bewusst sein. Der Heilige Geist ist unser verlässlicher Ratgeber und führt uns in die Wahrheit. Er wird uns dazu führen, Gott in Geist und Wahrheit zu dienen, wenn wir uns seinem Dienst widmen. Konfessionelle und menschliche Lehren werden zu Götzendienst führen. Saulus zum Beispiel folgte der falschen Lehre und verfolgte die Gemeinde, weil er dachte, er diene Gott. Deshalb müssen sich die Fürbitter dem Lesen und Lehren von Gottes Wort widmen.

Andere Eigenschaften, die Jesus zeigte - Liebe

Jesus Christus liebte den Vater, wie der Vater ihn liebte (Johannes 3,35; 10,17; 14,31). Barmherzige Liebe denkt an das Wohlergehen der anderen. Sie zielt liebevoll darauf ab, Leiden zu lindern und das Wohlergehen der anderen zu fördern. Die göttliche Liebe oder Agape ist die reine Liebe, die nur Gott geben kann. Sie drückt Gottes tiefes Mitgefühl für alle aus, auch für die Unwürdigen. Wer diese Liebe empfängt, liebt auch Gott und hilft anderen, ihn zu suchen.

Die Liebe Jesu zum Vater zeigte sich in seinem völligen Gehorsam gegenüber seinen Geboten (Johannes 14,21), einschließlich der Aufgabe der himmlischen Herrlichkeit für die irdische Schande. Jesus liebte den Vater und unterwarf sich seinem Willen, selbst als er am Kreuz starb. Sein Tod war im höchsten Sinne freiwillig. Es war eine Mission, die Jesus aufopferungsvoll für den Vater und seine Liebe zur Menschheit erfüllte. Schon als Jugendlicher war Jesus Christus darauf bedacht, den Willen des Vaters zu tun und sein Werk zu vollenden (Lk 2,49). Er suchte den Willen des Vaters und nahm das Zeugnis und die Ehre allein vom Vater an, nicht von den Menschen.

Außerdem hat Jesus Christus die Gläubigen geliebt. Er schätzte alle, die an ihn glaubten und seine Gebote hielten. Jesus liebte auch die Sünder, seine Feinde, die Kinder und die Demütigen. Er vergab, wenn Menschen Buße taten und an ihn glaubten. Er suchte die verlorenen Schafe und kümmerte sich um sie, indem er Gebrechen und Krankheiten heilte (Markus 1,41;)

Die vollkommene Liebe Gottes ist eine Frucht, die aus dem Gehorsam gegenüber seinem Wort resultiert. Jesus ist ein Hohepriester, der mit unseren Schwächen mitfühlt, weil er wie wir versucht wurde, aber ohne Sünde war. Außerdem versteht er unsere Schwächen und hat Verständnis für unseren Kampf gegen das Fleisch. Er hat sich aus Gottes Liebe für die Menschheit hingegeben (Johannes 3,16). Jesus wirkte aus Liebe zum Vater und zu den Menschen. Er tat nichts ohne Liebe und erklärte, dass es wertlos sei, etwas ohne sie zu tun. Er lehrte die Menschen, ihre Er lehrte die Menschen, ihre Feinde zu lieben, indem er sagte: „Ich aber sage euch, die ihr hört: Liebt eure Feinde, tut wohl denen, die euch hassen, segnet, die euch fluchen, und bittet für die, die euch misshandeln." (Lukas 6,27-28). Er vergab auch seinen Verfolgern, einschließlich derer, die ihn kreuzigten.

Der Glaube an die Liebe Gottes zu uns und anderen hilft uns, für diejenigen zu beten, die ihn nicht kennen. Wir mögen unterschiedliche Ansichten über andere haben, aber Gottes Herz ist immer erlösend (1 Petrus 4,8). Jesus zog barmherzig durch alle Städte und Dörfer, predigte in den Synagogen die gute Nachricht vom Reich Gottes, heilte alle Krankheiten und befreite die Gefangenen. Als er die Menschenmengen sah, die ihm folgten, hatte er Mitleid mit ihnen, denn sie waren hilflos wie Schafe, die keinen Hirten haben (Matthäus 9,35-38).

Er liebte uns alle. Jesus lehrte uns die Liebe Gottes in dem Gleichnis vom „verlorenen Sohn". Der Sohn eines reichen Mannes erhielt sein Erbe und verließ seinen Vater in ein fernes Land, wo er ein ausschweifendes Leben führte, das zu Armut und Entbehrungen führte. Nach einiger Zeit und unter großen Entbehrungen beschloss er, in das Haus seines Vaters zurückzukehren. Als der Vater ihn sah, hatte er Mitleid mit ihm und nahm ihn wieder auf (Lk 15,11). Gott sehnt sich immer noch nach unserer Rückkehr, nachdem wir Fehler gemacht haben. Christus hat sein Leben hingegeben, um Sünder zu retten.

In ähnlicher Weise müssen wirksame Fürbitter die Menschen lieben, für die sie beten. Die Liebe des Vaters motiviert die Fürbitter, für diejenigen zu beten, die ihn nicht kennen. Wenn wir uns mit Zorn, Rache und gottloser Kontrolle in den Weg stellen, dann wird Gott nicht antworten. Er antwortet nur auf Liebe und Gehorsam gegenüber der Heiligen Schrift.

Jesus hat uns befohlen, für unsere Feinde zu beten und nicht dafür zu sorgen, dass ihnen etwas zustößt. Betet immer in Liebe und freut euch nicht darüber, dass einer Person, die wir verurteilen wollen, etwas Schreckliches passiert ist oder passieren könnte (1. Korinther 13). Die Fürbitter dürfen also diejenigen, für die sie beten, nicht verurteilen oder richten.

Aufopferungsvolles Leben

Gott verlangt von uns, dass wir um seinetwillen und um anderer willen auf unsere Wünsche verzichten.

Die Menschen, die am meisten Freude haben, opfern sich mit ganzem Herzen für andere Menschen auf. Diese Art von Aufopferung sollte in den Herzen der Fürbitter sein, wenn sie für andere beten.

> [33] *"Wer also unter euch ist, der nicht alles aufgibt, was er hat, der kann nicht mein Jünger sein"* — ***Lukas 14,33***

Jesus gab uns ein Beispiel des Opfers, dem wir nacheifern sollten. Er verließ seine himmlische Herrlichkeit und begab sich in das irdische Reich, das mit Sünde beladen war, um den Menschen zu retten. Er hat sein Leben und alles geopfert, um die zerrüttete Beziehung zwischen Gott und Mensch wiederherzustellen. Wir haben Zugang zum Vater, weil Jesus den Preis für unsere Sünden mit seinem sündlosen Blut bezahlt hat.

Darüber hinaus lehrte Jesus die opferbereite Fürbitte, als er sagte: „Der Menschensohn ist nicht gekommen, um sich dienen zu lassen, sondern um zu dienen und sein Leben zu geben als Lösegeld für viele" (Matthäus 20,28). Wie Jesus müssen auch wir ein opferbereites Leben führen, denn Gott belohnt das Opfer. Die Fürbitter opfern ihr Leben, indem sie für andere beten, damit sie Trost und Freude finden. Auch die Apostel opferten ihr Leben, um das Evangelium zu verkünden. Wir müssen uns also unterordnen und für das Wohl anderer beten, wie es Jesus Christus vorgemacht hat. Die Hauptaufgabe der Fürbitter im Reich Gottes besteht darin, andere zu lieben, ihnen zu helfen und für sie zu beten.

[1] *»So ermahne ich euch nun, Brüder, durch die Barmherzigkeit Gottes, dass ihr eure Leiber darbringt als ein lebendiges, heiliges, Gott wohlgefälliges Opfer, das ist euer vernünftiger Gottesdienst«* — **Römer 12:1**

Ehrlichkeit

Die Heilige Schrift verlangt, dass das christliche Leben von Integrität und Ehrlichkeit geprägt ist, aber Sünde führt zu Betrug. Ehrlichkeit bedeutet, wahrhaftig zu sein. Es bedeutet, frei von Betrug oder Unwahrhaftigkeit zu sein. Ehrlichkeit ist die Grundlage für Vertrauen in einer Beziehung. Sie bedeutet jedoch nicht, dass man alles sagen sollte, was man weiß, auch wenn es bedeutet, dass es jemandem schaden kann.

Ehrliche Menschen sind aufrichtig in ihrem Umgang mit anderen. Sie stehen treu zu ihren Worten und Taten. Derjenige, der die Wahrheit sagt, ist frei von Bösem. Ehrlichkeit macht uns also frei von denen, die uns anklagen. Deshalb dürfen wir nicht übertreiben, betrügen, tratschen oder andere verleumden. Stattdessen müssen wir die Wahrheit predigen und sie auch praktizieren. Unsere Worte müssen wahrheitsgemäß transparent sein, Fehler zugeben und Mitgefühl für andere zeigen.

- Ehrlichkeit erfreut Gott. Deshalb müssen wir als Kinder des Lichts in Wahrhaftigkeit und Treue wandeln. Die Bibel sagt: „Lügnerische Lippen sind dem Herrn ein Gräuel, aber treue Menschen sind sein Wohlgefallen" (Sprüche 12,22). Die Wahrheit muss also mit offenem Herzen gesagt werden, auch unter schwierigen Umständen. Wir müssen die Versprechen halten, die wir Gott und anderen Menschen geben.

Ehrlichkeit war eine herausragende Eigenschaft des Lebens von Christus. Er war in allen seinen Beziehungen zu den Menschen ehrlich. Jesus hat nie gelogen oder jemanden betrogen. Er tadelte die jüdischen Führer dafür, dass sie das Volk in die Irre führten und betrogen. So tadelte er zum Beispiel die begehrlichen Pharisäer dafür, dass sie Witwen und Verkäufer im Haus Gottes betrogen hatten. Jesus lehrte uns Ehrlichkeit und ein gutes Herz bei der Einhaltung von Gottes Gesetzen. Zachäus war ein wohlhabender Steuereintreiber, der unehrlich war, weil er Steuergelder zurückhielt. Als er Jesus begegnete, gelobte er, die Hälfte seines Besitzes den Armen zu geben und denen, die er betrogen hatte, alles zurückzuzahlen. Ein unehrlicher Zachäus wurde ehrlich, als er Jesus begegnete.

Im Gegenteil, Ananias und Sapphira belogen den Apostel Petrus, als sie einen Teil des Geldes aus dem verkauften Land behielten, aber allen erzählten, sie hätten die gesamte Summe gegeben. Petrus stellte daraufhin Ananias' Betrug zur Rede, und sie wurden tödlich bestraft. Gott hasst und verurteilt Unehrlichkeit. Er schätzt Ehrlichkeit in Worten und Taten, nicht aber Betrug, denn er kann nicht lügen (Titus 1,2). Als Gläubige an Christus müssen wir ehrlich sein, egal wo wir uns befinden, zu Hause, bei der Arbeit, in der Schule und in allen Beziehungen. Wir können nicht mit Unehrlichkeit davonkommen, weil er sie verurteilt.

> *„Eure Rede aber sei: Ja, ja; nein, nein; denn alles, was darüber hinausgeht, kommt vom Bösen."* — **Matthäus 5:37**

Die Wahrheit ist Gottes ureigenes Wesen. Jesus Christus ist der Weg, die Wahrheit und das Leben. Mit Jesus als unserem Beispiel sind die Gläubigen aufgerufen, Wahrhaftigkeit und Ehrlichkeit zu schätzen. Gott hat Ehrlichkeit zu einem Gebot gemacht, weil er nicht lügen kann. Er setzt den Maßstab für sein Volk.

> *„Endlich, Brüder, was wahrhaftig ist, was ehrlich ist, was gerecht ist, was rein ist, was lieblich ist, was von gutem Ruf ist, wenn es eine Tugend gibt und wenn es ein Lob gibt, so denkt an diese Dinge."* — **Philipper 4:8-9**

Wir müssen uns entscheiden, nicht zu stehlen, zu betrügen oder zu täuschen, sondern einen ehrlichen Charakter zu entwickeln, um Gott und den Menschen zu dienen. Wir sollen Jesu Wahrhaftigkeit nachahmen, denn Gott wird uns vertrauen und unsere Gebete erhören.

Bescheidenheit

Jesus ist demütig und sanftmütig. Er ist unser Vorbild für Demut. Obwohl er eins mit dem Vater ist und die ewige Herrlichkeit mit ihm teilt, unterwarf sich Jesus dem Willen Gottes. Außerdem suchte er nie das Lob der Menschen für all die wunderbaren Werke, die Gott durch ihn tat. Jesus ist der Sohn des allmächtigen Gottes, aber er prahlte nicht mit seiner Göttlichkeit.

„⁶der, da er in Gestalt Gottes war, es nicht für ein Raub hielt, Gott gleich zu sein. ⁷Sondern er hat sich selbst entehrt und Knechtsgestalt angenommen und ist den Menschen gleich geworden.⁸ Und da er wie ein Mensch aussah, erniedrigte er sich selbst und wurde gehorsam bis zum Tod, ja bis zum Tod am Kreuz. "
- Philipper 2,6-8.

Der Herr Jesus wurde von seinen irdischen Eltern, einer Jungfrau und einem Zimmermann, in einer bescheidenen Krippe geboren. Als Kind wuchs er in der verachteten Stadt Nazareth auf. Während seiner gesamten Jugend unterwarf er sich demütig seinen irdischen Eltern. Johannes taufte den sündlosen Gottessohn im Jordan. Christus zeigte während seines irdischen Dienstes Demut, als er mit den Geringgeachteten verkehrte, einschließlich Samaritern, Sündern, Heiden, Armen, Zöllnern und Unterdrückten.

Jesus demonstrierte auch dienende Führung. Er wusch den Aposteln demütig die Füße, eine Aufgabe, die normalerweise von Dienern ausgeführt wird. Er brachte den Menschen das Reich Gottes und seine Herrschaft, zu der Gerechtigkeit, Frieden und Freude gehören. Um die Verlorenen zu retten, predigte er das Evangelium und befreite die Unterdrückten von einem sündigen und zerstörerischen Lebensstil. Außerdem heilte er Kranke und erweckte Tote zum Leben. So stellte Jesus beispielsweise das Leben der samaritanischen Frau am Brunnen wieder her, als er ihre göttliche Barmherzigkeit anbot. Die Juden hatten wenig Achtung vor den Samaritern, aber Jesus ignorierte aber Jesus ignorierte die jüdische Überlegenheit und ging auf sie zu, was zur Rettung einer ganzen Gemeinschaft führte (Johannes 4:39-42).

Er verlangte niemals Lob für seine Wunder und Lehren, auch nicht, als das Volk ihn zum König machen wollte. Stattdessen gab Jesus Gott alle Ehre. Jesus zeigte bei all seinen Bemühungen Demut, obwohl er von Natur aus Gott war. Angesichts der Qualen eines schändlichen Todes betete Jesus und unterwarf sich dem Vater: „Und sprach: Vater, wenn du willst, so nimm diesen Kelch von mir; doch nicht mein, sondern dein Wille geschehe" (Lukas 22,42). So starb er den schmerzhaftesten und schändlichsten Tod, den sich unmoralische Menschen ausgedacht haben.

Doch Jesus wandte sich gegen diejenigen, die sich nach dem Lob der Menschen sehnen (Matthäus 6,1-6). Er verurteilte die Neigung der Menschen zur Anhäufung von Reichtum, zur Tradition, zur Gesetzlichkeit, zur Ausbeutung der Armen durch die Reichen und zur Misshandlung von Waisen und Witwen. Er kritisierte auch den autoritären Führungsstil der Pharisäer und der jüdischen Führer, die es liebten, vom Volk gelobt und bedient zu werden. Unser Bemühen, ohne Gott etwas zu erreichen, wird erfolglos sein, denn alle Macht und Weisheit gehört ihm. Jeder von uns hat eine Aufgabe, und wir hängen völlig von Gott ab, indem wir unser Vertrauen auf ihn setzen. Die Fürbitter wenden sich in Demut, Aufrichtigkeit, Ehrfurcht und Ehrfurcht an Gott. Diejenigen, die Gottes Segen anziehen, sind demütig, gehorsam und treu.

Wir müssen demütig für andere eintreten, ohne selbstgerecht zu sein und sie zu verurteilen. Demut bedeutet, dass wir anerkennen, dass unsere Rechtschaffenheit und unsere Fähigkeiten Geschenke Gottes sind. Ein demütiges Herz erkennt auch menschliche Schwächen an und freut sich aufrichtig, wenn es anderen gut geht und sie triumphieren. Es sieht über

Kleinlichkeiten hinweg und vergibt anderen leicht. Demut ermöglicht es Ihnen, die Kontrolle loszulassen und sich in den Hintergrund zu begeben, um anderen zu helfen (1 Petrus 5,5).

Mitgefühl

Christus spiegelte Gottes Erbarmen mit der Menschheit in tadelloser Weise wider. Jesus hatte nicht nur Mitleid mit Israel, sondern mit der gesamten Menschheit aufgrund der Liebe Gottes. Er war die Liebe Gottes in Aktion während seines irdischen Dienstes. Er hatte Erbarmen mit den Sündern und den Leidenden. Deshalb müssen auch wir den Menschen, für die wir beten, Mitleid entgegenbringen (Johannes 3,16). Als Jesus die verzweifelte Menge sah, die wie eine herrenlose Herde verstreut war, lehrte er sie das Wort und heilte sie (Markus 6,34).

Als Jesus durch die Städte und Dörfer ging, kümmerte er sich nicht nur um die geistliche Not der Menschen, sondern auch um ihre körperlichen Bedürfnisse. Er speiste die hungrige Menge (Markus 8,2; Matthäus 14,14). Auch seine Jünger zeigten viel Mitgefühl für die Hilflosen.

Petrus betete und heilte den Mann am schönen Tor im Namen Jesu. Paulus weinte bei dem Gedanken, dass die Christen durch den Betrug der Irrlehrer in Sünde leben (Apg. 20,18-38)

> *„Seid freundlich und barmherzig zueinander und vergebt einander, wie auch Gott euch in Christus vergeben hat."* - ***Epheser 4:32***.

Gott möchte, dass die Fürbitter sich wie Jesus leidenschaftlich für die Verletzten und Müden einsetzen, durch Gebet und Taten. Die Gebrechen und Herausforderungen der Menschen müssen uns berühren, damit wir für sie beten.

Früchte des Heiligen Geistes

Vor seiner Himmelfahrt versprach Jesus seinen Jüngern einen weiteren Helfer, den Heiligen Geist, der ihr Tröster, Lehrer und Führer sein sollte. Der Heilige Geist besitzt die gleichen göttlichen Eigenschaften wie Jesus (Johannes 16:13-15). Auch er überführt die Welt von Sünde, Rechtschaffenheit und Gericht. Christus bevollmächtigt die Gläubigen mit dem Heiligen Geist. Paulus forderte die Gläubigen auf, die Frucht des Geistes zu tragen (Galater 5,22-23) und fleischliche Werke zu meiden. Fürbitter tragen die Frucht des Geistes (Johannes 14), um wirksam Fürbitte zu leisten.

> „*[22] Die Frucht des Geistes aber ist Liebe, Freude, Friede, Langmut, Sanftmut, Güte, Glaube,[23] Sanftmut, Mäßigung; dagegen ist kein Gesetz. [24]Die aber Christus angehören, haben das Fleisch mit den Neigungen und Begierden gekreuzigt.* " — **Galater 5:22-24**

Liebe

Liebe bedeutet Selbstaufopferung, die Bedürfnisse anderer vor die eigenen zu stellen und demütig dem Beispiel Jesu in der Knechtschaft zu folgen (Phil. 2). Sie ist ein wesentlicher Wesenszug des Gläubigen und ein Beweis für die Gegenwart des Heiligen Geistes in unseren Herzen. Gott hat der Welt seine vollkommene, selbstlose Agape-Liebe durch Jesus gezeigt, als er ihn sandte, um für unsere Sünden zu sterben. Deshalb gebietet uns Gott, einander zu lieben. Die Liebe ist das größte Geschenk Gottes.

> *„Die Liebe ist geduldig, die Liebe ist gütig. Sie ist nicht eifersüchtig, sie ist nicht aufgeblasen, sie ist nicht unhöflich, sie sucht nicht ihre eigenen Interessen, sie ist nicht jähzornig, sie brütet nicht über Verletzungen, sie freut sich nicht über Unrecht, sondern freut sich über die Wahrheit. Sie erträgt alles, glaubt alles, hofft alles, erträgt alles."* — ***1 Korinther 13,4-7***

Wir können nicht ideal lieben ohne die Hilfe des Heiligen Geistes. Er hilft uns, unsere Sündhaftigkeit und Selbstsucht abzulegen. Der Heilige Geist lehrt uns die Liebe Gottes durch Christus und hilft uns dann, Gott und andere in Gehorsam und Dienst zu lieben. Wir zeigen unsere Liebe zu anderen durch Selbstaufopferung in Worten und Taten (1. Johannes 4,19-21). Das Gleichnis Jesu vom barmherzigen Samariter lehrt uns, alle Menschen zu lieben, auch unsere Feinde. Es ist natürlich leicht, Freunde und Familie zu lieben, aber es bedarf der Hilfe des Heiligen Geistes, um diejenigen zu lieben, die uns schaden oder verletzen. Wir sollten unsere Differenzen beiseiteschieben und denen helfen, die Hilfe brauchen. Die Samariter sahen einen Mann, der Hilfe brauchte, und ignorierten die Feindschaft zwischen

Juden und Samaritern. Wir müssen allen Menschen mit unseren Talenten und Gaben helfen, um Gott die Ehre zu geben (Lukas 10,25-37). Gottes Liebe gilt der ganzen Menschheit (Johannes 3,16).

Absolute Freude

Die Freude beruht nicht auf einem momentanen physischen Umstand, sondern auf dem Glauben an die unerschütterliche Liebe Gottes, egal in welcher Situation. Die Freude folgt der Liebe und bezieht sich auf die höchste Hoffnung oder die absolute Gewissheit der zukünftigen Herrlichkeit in Jesus Christus.

Jesus war fröhlich und betete, dass seine Jünger diese Freude haben mögen (Johannes 17,13). Die Menschen in der Bibel, die Gott gehorsam waren, hatten trotz ihrer Umstände Freude. Freude ist der unmittelbare Nutzen des Gehorsams. Ein bemerkenswertes Beispiel ist, als Paulus und Silas geschlagen und ins Gefängnis geworfen wurden, weil sie ein von Dämonen besessenes Mädchen befreit hatten. Sie beklagten sich nicht. Stattdessen sangen sie und priesen Gott in ihrer Not, und Gott antwortete mit einer mächtigen Befreiung. Darüber hinaus verbreiteten sie die gute Nachricht und halfen anderen.

> *„Der Gott der Hoffnung erfülle euch mit aller Freude und allem Frieden, wenn ihr auf ihn vertraut, damit ihr in der Kraft des Heiligen Geistes von Hoffnung überströmt werdet.“* — ***Röm. 15:13***

Paulus und Silas hatten die Wahl, sich zu beklagen oder sich über den Herrn zu freuen, und sie priesen Gott in ihrer Bedrängnis. Egal, was passiert, wir sollten uns an Gott wenden und ihn für alles preisen. Wir können in schwierigen Situationen Freude finden, weil der Heilige Geist unser Tröster ist. Gott ruft uns auf, uns immer zu freuen und ein Leben voller Freude zu führen.

Frieden

Frieden ist Harmonie im Herzen und mit anderen. Wir können nur Frieden in Christus haben, wenn wir uns seinem Willen unterwerfen (Philipper 4,6-7, Jesaja 26,3). Gottes Gegenwart erzeugt Frieden, Sinn und Kraft in jedem Augenblick unseres Lebens. Der Friede hilft uns, eine liebevolle Beziehung zu Gott und zu anderen Menschen aufrechtzuerhalten, und verleiht uns die Fähigkeit, Gottes Wünsche in unserem Leben zu verwirklichen. Umgekehrt wirken sich boshafte Beziehungen negativ auf unsere Gemeinschaft mit Gott aus. Deshalb müssen wir mit allen Menschen in Frieden leben.

*„11 Folgt dem Frieden mit allen Menschen und der Heiligkeit, ohne die niemand den Herrn sehen wird." — **Hebräer 12:14***

Jesus war mit allen Menschen in Frieden. In ähnlicher Weise wirkt der Heilige Geist nicht, wo Verwirrung herrscht, denn Gott hat in jeder Beziehung die Befehlsordnung festgelegt. Jesus lehrte uns, uns mit unseren beleidigten Verwandten zu versöhnen, bevor wir dem Herrn unsere Opfergaben und Gebete darbringen. Er ermahnte uns auch, Streitigkeiten mit Gegnern schnell beizulegen, selbst wenn sie uns betrügen (Matthäus 5,23-25; 39-41). Jesus ist gestorben und hat den sündigen Menschen mit Gott versöhnt, obwohl die Menschheit dieses große Opfer nicht verdient hat. Ebenso hat Jesus den Gläubigen den Dienst der Versöhnung übertragen, um den Verlorenen die gute Nachricht zu verkünden. Fürbitter müssen immer

Friedensstifter sein. Wenn wir jede Situation im Gebet dem Herrn überlassen, schenkt er uns seinen Frieden, der das menschliche Verständnis übersteigt.

Langmütig

Langmut ist die beständige Geduld angesichts von Herausforderungen. Sie ist Selbstbeherrschung oder das Nichtnachgeben von Ärger angesichts von Provokationen. Geduld folgt dem Frieden und zeigt Toleranz und Widerstandsfähigkeit gegenüber schwierigen Umständen.

Jesus wartete geduldig inmitten von Drangsalen und erfüllte seinen Auftrag am Kreuz. Er lehnte die gottlosen Abkürzungen ab, die Satan ihm anbot. In ähnlicher Weise müssen Fürbitter mit Gott und Menschen geduldig sein. Wir müssen auf Gottes Zeitplan warten, um seine Absichten für uns zu verwirklichen. Wir müssen geduldig auf Gebetserhörungen warten, ohne nach menschlichen und gottlosen Lösungen zu suchen, selbst wenn wir vor Herausforderungen stehen.

Außerdem müssen die Fürsprecher Geduld mit den Menschen haben, für die sie sich einsetzen, ohne sie zu verurteilen. Jesus hatte Geduld mit all denen, die ihn um Hilfe baten. Selbst den Pharisäern und Schriftgelehrten, die ihn absichtlich mit Fragen in Versuchung führten, in der Hoffnung, ihm eine Falle zu stellen, antwortete Jesus geduldig. Das Wort Gottes sagt uns, dass wir geduldig auf den Herrn warten sollen. Ungeduld, Verärgerung, Intoleranz und Sorgen hindern uns daran, Gott zu gefallen.

„Wir ermahnen euch aber, Brüder, warnt die Widerspenstigen, tröstet die Schwachen, unterstützt die Schwachen, seid geduldig gegen alle Menschen." — 1 The. 5:14

Wie Paulus und Silas im Gefängnis, möchte Gott, dass wir in allen Situationen geduldig sind, damit er uns den Sieg schenken kann (Apostelgeschichte 16,25; Römer 8,28). Geduld stärkt uns, zu vergeben und mit Ärger umzugehen. Wir müssen im Gebet ausharren, auch wenn es Hindernisse oder Verzögerungen bei der Antwort gibt. Deshalb müssen wir als Fürbitter Frustration, Gereiztheit und Bitterkeit vermeiden, wenn wir für andere beten (Matthäus 22,35-40).

Freundlichkeit

Freundlichkeit bedeutet, sich für das Wohl anderer einzusetzen, unabhängig davon, was sie tun, und keine Belohnung zu erwarten. Sie ist eine echte Sorge um andere in Worten und Taten. Freundlichkeit bedeutet, sich um andere zu kümmern und unsere Gaben mit ihnen zu teilen. Gott zeigt der Menschheit täglich seine Freundlichkeit. Abgesehen von der Erlösung sorgt er für die Bedürfnisse jedes Lebewesens. Außerdem hilft uns der Heilige Geist, diese Eigenschaft zu tragen, wenn wir erkennen, dass Gott möchte, dass wir unsere Segnungen mit anderen teilen (Matthäus 5,43-45; Römer 11,22; Epheser 2,7; Titus 3,4-6).

Ich habe euch alles gelehrt, wie ihr die Schwachen unterstützen sollt, indem ihr euch abmüht und an die Worte des Herrn Jesus denkt, der sagte: „Geben ist seliger denn nehmen." - **Apostelgeschichte 20:35**

„Seid aber untereinander freundlich, sanftmütig und vergebt einander, wie auch Gott euch um Christi willen vergeben hat." - **Epheser 4:32**

Jesus war zu allen Menschen, die zu ihm kamen, freundlich. Er hatte Mitgefühl für ihre Leiden und sorgte für sie. Jesus hat die Sünder nie verurteilt. Stattdessen predigte er ihnen das Evangelium, heilte die Kranken, befreite die Unterdrückten und versorgte sie auf wundersame Weise mit Nahrung. Wir zeigen also Güte, wenn wir das, was wir haben, mit anderen teilen und uns um ihr Wohlergehen kümmern.

Freundlichkeit berührt die Herzen und verbindet die Menschen in einzigartiger Weise. Menschen nehmen unsere Botschaft eher auf, wenn wir ihnen Freundlichkeit zeigen. Wir können anderen Freundlichkeit zeigen, indem wir uns in ihre Probleme einfühlen und für ihre Bedürfnisse sorgen, für sie beten und in Worten und Taten rücksichtsvoll sind.

Sanftmütigkeit

Sanftmut bedeutet, in Handlungen und Worten sanft zu sein. Jesus hatte während seines gesamten irdischen Wirkens ein sanftes Gemüt. Er behandelte niemanden hart und redete mit niemandem hart, auch nicht mit den Pharisäern und seinen Anklägern. Wenn sie ihn über seine Werke und seine Autorität ausfragten, antwortete er ihnen sanft, obwohl er ihre bösen Absichten erkannte.

„[17] Damit erfüllt würde, was durch den Propheten Jesaja gesagt wurde, der sprach:[18] Siehe, das ist mein Knecht, den ich erwählt habe, mein Geliebter, an dem meine Seele Wohlgefallen hat: Ich

*will meinen Geist auf ihn legen, und er soll den Heiden das Recht verkünden. [19]Er soll nicht zanken noch schreien, und niemand soll seine Stimme hören auf der Gasse. [20]Das geknickte Rohr wird er nicht zerbrechen, und den rauchenden Flachs wird er nicht auslöschen, bis er das Gericht zum Sieg führt." — **Matthäus 12:17-20**

„Der Knecht des Herrn aber soll nicht zanken, sondern sanftmütig sein zu allen Menschen, gelehrig, geduldig" — **2 Timotheus 2:24**

„Es soll kein verdorbenes Wort aus eurem Munde gehen, sondern das, was gut ist und zur Erbauung dient, damit es den Hörern zur Gnade gereicht." — **Epheser 4:29***

Die Sanftmut Jesu zeigte sich auch darin, wie er die Menschen behandelte, die ihn um Hilfe baten. Er hat niemanden mit Worten oder Taten beleidigt. Stattdessen war er sanft zu allen, auch zu Sündern. Infolgedessen nahmen die Menschen Jesus gerne auf, weil er rücksichtsvoll und liebevoll war, anders als die Pharisäer, die sie betrogen und misshandelten. Deshalb müssen Fürbitter sanftmütig sein und dürfen Menschen, die in Not sind, nicht grob behandeln.

Güte

Gut sein, moralische Vortrefflichkeit; Tugend, Freundlichkeit; Großzügigkeit, hervorragende Qualität, gute Ausführung.

Jesus zeigte während seines gesamten irdischen Wirkens Güte. Er war gut zu allen, auch zu denen, die ihn folterten und kreuzigten. Es gab keine Bosheit in ihm, und er duldete auch nichts Böses. Jesus kümmerte sich aufrichtig um die Menschen, denen er diente. Gott ist jeden Tag gut zu uns, auch wenn wir seine Güte wegen unserer Sünden nicht verdienen. Auch wir müssen anderen gegenüber von Herzen gut sein.

> *„Wie Gott Jesus von Nazareth gesalbt hat mit dem Heiligen Geist und mit Kraft; der ging umher und tat Gutes und heilte alle, die vom Teufel geplagt waren; denn Gott war mit ihm." - **Apostelgeschichte 10,38***

Güte bedeutet auch, dass wir Fehlverhalten in Liebe korrigieren sollten. Wir dürfen Schlechtigkeit nicht dulden. Zum Beispiel war Jesus gut zu der Frau, die beim Ehebruch ertappt wurde, aber er hat ihre Sünde nicht übersehen. Er verurteilte sie nicht, aber er riet ihr, aufrecht zu leben.

> *„8 Denn ihr wart einst Finsternis, nun aber seid ihr Licht in dem Herrn; wandelt als Kinder des Lichts:9 (denn die Frucht des Geistes ist in aller Güte und Gerechtigkeit und Wahrheit)10 und prüft, was dem Herrn wohlgefällig ist." - **Epheser 5:8-10***

Glaube

Glaube ist der Glaube an die Liebe und Güte Gottes. Er ist die Grundlage für unseren Gehorsam ihm gegenüber. Gottes Wort ist die einzige Quelle des Glaubens. Unser Glaube wächst, wenn wir unser Herz und unsere Aufmerksamkeit auf das richten, was er bereits erreicht hat. Fürbitter können Festungen brechen, indem sie Ängste oder Furcht verdrängen und einen unerschütterlichen Glauben nähren. Glaube ist das Vertrauen in Gott durch Jesus Christus. Seine Hingabe an die Wahrheit und sein triumphales Leben geben uns die Kraft, die Welt zu überwinden. Der Glaube kommt aus dem Vertrauen auf den liebenden Vater, den wir in Gott haben. Wir aktivieren unseren Glauben, wenn wir an Gottes Größe und Liebe glauben und von seinem Willen und seiner Absicht überzeugt sind. Deshalb müssen wir als Fürbitter darauf vertrauen, dass Gottes Liebe unsere Gebete erhört, wenn wir für andere eintreten.

> *„So kommt also der Glaube aus dem Hören, das Hören aber durch das Wort Gottes."* — **Römer 10:17**

Der Glaube ist notwendig, um Gott zu gefallen, denn er will, dass wir glauben, dass er existiert und diejenigen belohnt, die ihn suchen (Hebräer 11,6). Glaube ist Vertrauen in die Gnade und Barmherzigkeit Gottes. Jesus zum Beispiel glaubte an die Liebe des Vaters zu ihm. Er glaubte auch, dass Gott seine Bitten immer erhört. In ähnlicher Weise erhielten Menschen, die ihren Glauben an Jesus zum Ausdruck brachten, Heilung. Jesus lobte beispielsweise den Glauben des römischen Hauptmanns als Beispiel für die Juden und Galiläer, die eine größere Chance hatten, seinen Segen zu empfangen. Jesus lobte auch den Glauben der kanaanäischen Frau, die um Befreiung für ihre von Dämonen besessene Tochter bat.

Da der Heilige Geist die Fürbitter leitet, glauben sie an Gott, um Lösungen für schwierige Situationen zu finden. So vollbrachten die Apostel viele Wunder, weil sie durch Jesus an Gott glaubten. Jesus sagte, dass wir größere Werke tun können, als er getan hat, wenn wir nur glauben (Johannes 14:12).

Der Glaube an Jesus führt zu Vertrauen in unseren Dienst an Gott und zu einem festen Engagement für andere. Gott ist treu, weil er seine Versprechen und Bündnisse hält. Ganz gleich, was die Menschen tun, Gott hält seine

Versprechen. So hat Gott beispielsweise versprochen, seinen Sohn zu senden, um die Menschheit zu erlösen, und dieses Versprechen zur rechten Zeit eingelöst, als Jesus für unsere Sünden starb. Ebenso war Jesus in allen seinen Taten und Worten treu. Er führte Gottes Erlösungsplan für die Menschen treu aus. Er war auch treu in seinem Umgang mit den Menschen, so dass ihn niemand eines Fehlverhaltens beschuldigen konnte. Jesus lehrte seine Jünger, treu zu sein, indem er das Reich Gottes mit der Treue in der Haushalter Schaft verglich (Matthäus 25,14-30). In ähnlicher Weise müssen Fürbitter dem Auftrag treu sein, für andere in die Bresche zu springen.

*„Darum, heilige Brüder, die ihr der himmlischen Berufung teilhaftig seid, betrachtet den Apostel und Hohenpriester unseres Berufes, Christus Jesus;² der treu war dem, der ihn eingesetzt hat, wie auch Mose treu war in seinem ganzen Hause." — **Hebr. 3:1-2***

*„So soll man von uns Rechenschaft ablegen, als von den Dienern Christi und Verwaltern der Geheimnisse Gottes. ²Und es wird von den Verwaltern verlangt, dass sie treu sind." - **1 Korinther. 4:1-2***

Als treuer Gott steht er seinem Volk in schwierigen Zeiten zur Seite. Satan kann Gottes Kinder nicht so sehr in Versuchung führen, dass sie nicht mehr widerstehen können, und Gott bietet immer einen Ausweg. Als Gottes Kinder haben wir Vertrauen in die Zukunft, nicht weil wir treu sind, sondern weil Gott seinem Versprechen des ewigen Lebens treu ist. Wenn wir unsere Sünden bekennen, glauben wir, dass Gott uns vergibt, weil er gerecht ist und treu zu seinem Wort steht. Wenn wir daran zweifeln, dass Gott uns vergeben hat, wenn wir Buße tun, stellen wir seine Treue in Frage. Deshalb müssen wir an die Treue Gottes glauben, der unsere Gebete erhört.

Sanftmut

Sanftmut ist die Bescheidenheit und Sanftmut des Herzens. Ein sanftmütiger Mensch erkennt Gott als die Quelle alles Guten an, deshalb prahlt er nicht, sondern nimmt Korrekturen an. Als Kind unterwarf sich Jesus demütig der Führung seiner irdischen Eltern, obwohl er der Sohn Gottes war. Er verließ seine himmlische Herrlichkeit, um in diese sündige Welt zu kommen und für die Menschheit zu sterben. Jesus beklagte sich nicht, als er misshandelt wurde, weil er sich bereitwillig dem Willen des Vaters fügte. Sie brachten ihn ans Kreuz wie ein Schaf zur Schlachtbank, obwohl er sich hätte wehren können. Jesus war sanftmütig, verleugnete aber nicht seine Identität als Messias. Er prahlte jedoch nicht mit den mächtigen Taten, die Gott durch ihn vollbrachte. Stattdessen warnte er diejenigen, die er heilte und befreite, davor, Wunder zu verkünden.

*„Selig sind die Sanftmütigen; denn sie werden das Erdreich besitzen." — **Matthäus 5:5***

*„Nehmt mein Joch auf euch und lernt von mir; denn ich bin sanftmütig und von Herzen demütig; so werdet ihr Ruhe finden für eure Seelen." — **Matthäus 11:29***

*Sagt der Tochter Sion: „Siehe, dein König kommt zu dir, sanftmütig und sitzend auf einem Esel und einem Fohlen, dem Fohlen einer Eselin." — **Matthäus 21-5***

Fürbitter müssen sanftmütig sein. Wie Jesus sollten wir unsere von Gott gegebenen Gaben nutzen, um anderen zu helfen, und sie nicht erniedrigen oder ausnutzen, um unsere höchste Demut zu demonstrieren. Fürbitter müssen Gott als den Geber von allem anerkennen und ehren. Jesus hat Gottes Ehre nie für sich beansprucht. Deshalb dürfen sich Fürbitter nicht für erhörte Gebete rühmen, weil wir ohne ihn nichts tun können. Ohne die Hilfe des Heiligen Geistes können wir schlimmere Dinge tun als die Sünder, die wir verurteilen. Daher sollten sich die Fürbitter nicht wie die Pharisäer verhalten, die arrogant auf ihre Gerechtigkeit vertrauten und die Sünder verurteilten.

Mäßigung

Mäßigung bedeutet Selbstbeherrschung oder Disziplin. Der Heilige Geist hilft uns, unser Verlangen nach weltlichen Dingen zu kontrollieren. Jesus hatte immer Selbstbeherrschung und gab sich nichts hin, was seinen Vater nicht verherrlichen würde. Als der Teufel ihn nach einem vierzigtägigen Fasten in Versuchung führte, wies Jesus die gottlosen Angebote des Teufels sofort mit Hilfe der Heiligen Schrift zurück. Er hatte die Kontrolle über seine Begierden.

> *„Und als der Versucher zu ihm kam, sprach er: Bist du Gottes Sohn, so befiehl, dass diese Steine zu Brot werden. Er aber antwortete und sprach: Es steht geschrieben: Der Mensch lebt nicht vom Brot allein, sondern von einem jeden Wort, das aus dem Munde Gottes geht.“ — Matthäus 4:3-4*

Jesus lebte auf der Erde ein bescheidenes Leben, obwohl Gott ihm alles gegeben hatte. Er sagte, dass jeder, der nach weltlichen Dingen giert, Gott nicht aufrichtig dienen kann. Jesus warnte zum Beispiel, dass man nicht Gott und dem Geld dienen kann. Daher müssen die Fürbitter die Gier und die Verlockungen dieser Welt meiden. Ebenso müssen wir unsere Begierden kontrollieren und dürfen uns nicht leicht von Situationen um uns herum beeinflussen lassen.

„¹⁵ Liebt nicht die Welt, auch nicht die Dinge, die in der Welt sind. Wenn jemand die Welt liebt, so ist die Liebe des Vaters nicht in ihm. ¹⁶Denn alles, was in der Welt ist, die Lust des Fleisches und die Lust der Augen und die Hoffart des Lebens, ist nicht vom Vater, sondern von der Welt." — 1 Johannes 2,15-16

Eigenschaften von Fürbittern im Neuen Testament

Das Gebet hatte für die ersten Christen, die den Dienst Jesu in der Fürbitte fortsetzten, Priorität. Sie ahmten die Eigenschaften Jesu nach, wie z. B. Glaube, Gehorsam, Demut, Geduld und Beharrlichkeit. Die Fürbitter halten sich an Gottes Wort, um den gewünschten Segen zu erlangen. Jesus wusste, dass die Jünger ohne die Kraft des Himmels scheitern würden. Deshalb sagte er ihnen, sie sollten in Jerusalem auf die Ermächtigung warten. Wie Jesus versprochen hatte, ermächtigte der Heilige Geist sie mit Kühnheit und Salbung. Sie beteten einmütig und in Übereinstimmung mit dem Wort Gottes. Infolgedessen waren die Apostel ernsthaft im Dienst (Jakobus 5,17).

Die Apostel hatten großes Vertrauen in Gott durch Jesus. Im Namen Jesu baten sie um Heilung und Befreiung von unreinen Geistern (Apg. 2-9; 3:15:16). Außerdem waren die Apostel demütig und gaben Gott die Ehre für die wunderbaren Werke, die durch sie geschehen waren. Sie beanspruchten nie den Ruhm für die Macht Gottes, zu heilen und zu befreien. Sie waren sanftmütig und behandelten die Menschen mit Freundlichkeit. Weltliche Dinge lockten sie nicht von ihrem göttlichen Auftrag ab. Sie hatten Erbarmen mit den Verlorenen und betrogen die Menschen nicht. Das Gebet ist eine mächtige Waffe, die Gott seinen Kindern gegeben hat, um den Auftrag zu erfüllen, den er uns anvertraut hat. Die Apostel waren angesichts der schweren Bedrohungen durch die Pharisäer beharrlich. Wie Jesus ihnen erzählte, erlitten die Apostel Schläge, Gefangenschaft und Tod, aber sie blieben in ihrem Dienst beharrlich. So müssen auch die Fürbitter selbst in schwierigen Situationen beharrlich bleiben.

Fürbitter sind Ehrengefäße, die gottgefällige Züge aufweisen müssen. Gott setzt immer den Maßstab für seine Diener, denn niemand kann sich dem heiligen Gott mit Unreinheit nähern. Folglich weiht und salbt er Menschen, um ihn zu ehren. Er wünscht sich auch ein demütiges Herz, Gehorsam und Treue in der Anbetung. Die levitischen Priester hatten gottgefällige Eigenschaften, auch wenn sie Mängel aufwiesen. Aber der letzte Fürsprecher, Jesus, war der einzige vollkommene Fürsprecher. Er ist auch das sündlose Gefäß, das Satan besiegt hat.

Liebe, Frieden, Barmherzigkeit, Geduld und Gehorsam waren Eigenschaften, die er in seinem irdischen Dienst an den Tag legte. Er hat jeden Gläubigen mit dem Geist bevollmächtigt, ein heiliges Leben zu führen und geistliche Früchte zu bringen. Im nächsten Kapitel, den Grundsätzen der Fürbitte, wird erläutert, wie Gottes Gegenwart für den Menschen zugänglich geworden ist, weil Jesus das Gesetz für uns erfüllt und jeden Gläubigen mit seiner Gerechtigkeit ausgestattet hat. Er hat uns auch ein perfektes Modell für Gebet und Fürbitte gegeben.

4

Grundsätze der Fürbitte

Wie bringen Fürbitter wirksame Gebete im Namen anderer vor? Gott hat immer ein Gebetsmodell dafür bereitgestellt, wie sein Volk im Gebet vor ihm erscheinen sollte. Im Alten Testament verehrte und betete sein Volk, indem es ihm Tieropfer auf Altären darbrachte (1. Mose 4,3). Als Gott die levitischen Priester in Israel einsetzte, gab er ihnen Anweisungen, wie sie mit Opfern und Gaben für Israel vor ihm erscheinen sollten. Nur der Hohepriester diente vor ihm an heiliger Stätte, besprengte den Gnadenstuhl mit Tierblut, um die Sünden der Israeliten am Versöhnungstag zu sühnen, und trat für sie ein. Dennoch gab es eine jährliche Erinnerung an die Sünde, denn das Tierblut konnte die Sünde nicht auslöschen.

Aber im Neuen Testament sandte Gott seinen einzigen Sohn, Jesus, der sich selbst als Opfer darbrachte. Er hat mit seinem Blut die ultimative Sühne für die Menschheit geleistet. Er hat sich selbst und die Menschheit einmal mit seinem Blut gereinigt und damit die Notwendigkeit von Tieropfern und Brandopfern vor dem Gebet vergessen (Hebräer 10). Er zerriss den Vorhang des Tempels, und in allegorischer Bedeutung wurde die Gegenwart Gottes für die gesamte Menschheit zugänglich. So erfüllte Jesus nicht nur das

Gesetz für uns, sondern segnete uns auch mit einem Neuen Testament, das mit seinem Blut gereinigt und besiegelt wurde. Gott hat Jesus zu unserem Hohenpriester ernannt, der wiederum uns als gottesfürchtige Priester mit seiner Gerechtigkeit bevollmächtigt hat. Er gab uns auch ein vollkommenes Modell für Gebet und Fürbitte.

Modell für das Stehen in der Lücke im Alten Testament

Die Bibel gibt nicht an, wann Gott zum ersten Mal Opfer und Gaben auf Altären als Anbetung und Gebet verlangte, aber Kain und Abel brachten dem Herrn Tiere und Früchte des Bodens als Opfer dar (1. Mose 4,3-5). Noah baute einen Altar und brachte nach der Flut Brandopfer dar. Als Gott versprach, seinen Nachkommen Kanaan zu geben, baute Abraham einen Altar für den Herrn. Auch Jakob gehorchte dem Befehl Gottes und baute einen Altar in Bethel, wo er auch wohnte (1. Mose 8,20-22; 12,1-8; 35,1-7).

Später institutionalisierte Gott ein Gebetsmodell für Mose und die levitische Priesterschaft, nachdem die Israeliten Ägypten verlassen hatten. Erstens befahl Gott Mose, die Stiftshütte, eine tragbare Anbetungsstätte, nach dem Muster zu bauen, das er ihm auf dem Berg Sinai gezeigt hatte. Zweitens durften nur die Priester in der Stiftshütte Tieropfer und Brandopfer für Israel darbringen. Neben anderen priesterlichen Pflichten wies er sie an, täglich und jahreszeitlich bedingt Tieropfer und Brandopfer auf dem Altar für Israel darzubringen. Außerdem reinigten sich die Priester und trugen heilige Kleider, bevor sie ihren Dienst in der Stiftshütte verrichteten. Gott verlangte also von den Priestern, dass sie heilig waren. Er befahl Israel, den **Versöhnungstag** am zehnten Tag des siebten Monats wie folgt zu begehen (Levitikus 16):

- Ein Sabbat mit Fasten für Israel.

- Der Hohepriester, die einzige Person, die das Allerheiligste betreten durfte, machte es mit Gott wieder gut, indem er ein Widderopfer darbrachte, um sich und sein Haus von Sünden zu putzen.

- Er brachte ein **brennendes Räucherwerk** vor den Herrn, und die Weihrauchwolke bedeckte den Gnadenstuhl über dem Zeugnis, um den Tod zu verhindern, wenn er das Heiligtum betrat.

- Der Hohepriester ging einmal im Jahr durch den Vorhang und betrat diese heilige Stätte. Gott kann Sünde nicht ansehen oder dulden, deshalb war der Schleier eine Barriere zwischen dem Menschen und dem heiligen Gott.

- Der Hohepriester brachte Opfer für sich selbst, für sein Haus und für die Unreinheit und Rebellion Israels dar.

- **Zum Sühnopfer** brachten sie zwei Ziegenböcke als Sündopfer und einen Widder als Brandopfer.

- Der Hohepriester sprengt das Blut (eine Ziege und einen Widder) an den Gnadenstuhl, um die Sünden Israels zu sühnen, und reinigt das Heiligtum, den Altar und das Zelt der Begegnung (Levitikus 16).

- Der Hohepriester legt seine Hände auf den Kopf des lebenden Ziegenbocks und bekennt die Sünden Israels, und der Ziegenbock soll ihre Sünden tragen. Dann schicken sie den Sündenbock in ein unbewohntes Land.

- Sie verbrannten das Fett der Tiere auf dem ehernen Altar.

- Anschließend segneten die Priester das Volk.

Einige levitische Priester versagten jedoch bei diesem edlen Auftrag und führten Israel in die Irre. Deshalb ehrte Gott diejenigen, die seinem Wort gehorchten. Er erwählte Juda und begründete seine Verheißung mit dem Geschlecht Davids, indem er Jerusalem zum Ort der Anbetung machte, wo Salomo den Tempel baute.

Auch Juda beging Hurerei und andere heidnische Praktiken. Sie vermischten die Anbetung Gottes mit dem Götzendienst des Molochs, des Baal und anderer fremder Götter und verunreinigten den Tempel. Sie verachteten die heiligen Gefäße und entweihten die Sabbate. Sie verließen auch das Gesetz, bis König Josia die Anbetung von Baal, Aschera, Tophet und anderen Göttern aus dem Tempel entfernte und die Baalspriester tötete. Gott salbte auch Priester wie Jesaja und Jeremia in Juda, um für Israel Fürsprache zu halten.

Doch fortgesetzter Ungehorsam und Götzendienst verunreinigten Juda. So verwarf Gott Juda, und seine Gegenwart verließ den Tempel in Jerusalem, weil sie Hurerei betrieben. Er übergab Juda in die Hände ihrer Verderber; sie wurden Opfer des babylonischen Raubzuges. König Nebukadnezar nahm die heiligen Gefäße und zerstörte den Tempel. Juda ging für 70 Jahre ins Exil.

Nach der Zerstörung des Tempels und der Zerstreuung Israels richteten sie ihre Bitten an Gott ohne Tieropfer. Stattdessen bekannten sie ihre Sünden und erkannten Gottes Barmherzigkeit an, bevor sie ihre Gebete vortrugen. Auch das Fasten war ein zentraler Bestandteil der Fürbitte. Dennoch bewahrte Gott aufgrund seines Bundes mit David einen Überrest von Juda. Propheten wie Daniel legten ohne Tieropfer Fürsprache für Juda in Babylon ein.

„⁸ Aber ich will euch einen Rest lassen, damit ihr einige habt, die dem Schwert entgehen unter den Völkern, wenn ihr in die Länder zerstreut werdet." — **Hesekiel 6:8**

Später kehrte Juda nach Jerusalem zurück, baute den Tempel wieder auf und nahm den Dienst im Tempel wieder auf. Die Rolle der Priester im Tempel dauerte an, bis Jesus die ultimative Fürsprache für die Sünden der Menschheit leistete und damit Gottes Bund mit Abraham und David erfüllte (1. Mose 4-18).

„¹⁶ In jenen Tagen wird Juda gerettet werden, und Jerusalem wird sicher wohnen; und das ist der Name, mit dem sie genannt werden wird: „Der Herr, unsere Gerechtigkeit". Denn so spricht der Herr: David wird es nie an einem Mann fehlen, der auf dem Thron des Hauses Israel sitzt.¹⁸ Und den Priestern, den Leviten, wird es nicht an einem Mann fehlen, der vor mir Brandopfer und Speisopfer darbringt und beständig Opfer darbringt." — **Jer. 33:14-18**

Das Modell der Fürbitte im Neuen Testament
Johannes der Täufer bereitet den Weg für Jesus vor

Johannes war die Brücke zwischen dem Alten und dem Neuen Testament, denn Gott salbte ihn mit dem Heiligen Geist, um den Weg für den Messias zu bereiten. Johannes kam im Geist und in der Kraft des Propheten Elia, um die Kinder Israels zum Herrn zu bekehren und ihre Herzen für die Annahme des Evangeliums vorzubereiten. Vor dem Wirken Jesu predigte Johannes dem ganzen Volk Israel Umkehr und Taufe. Er taufte auch Jesus und stellte ihn den Menschen als den Gesalbten Gottes vor. Er gab Zeugnis über Jesus und sagte:

¹⁵ und sprach: „Das ist der, von dem ich gesagt habe: Wer nach mir kommt, ist mir vorgezogen; denn er war vor mir. ¹⁶Und von seiner Fülle haben wir alles empfangen, und Gnade um Gnade. ¹⁷Denn das Gesetz wurde durch Mose gegeben, die Gnade und die Wahrheit aber durch Jesus Christus. " — **Johannes 1,15-16**

Wie Jesus Fürsprache hielt

Jesus setzte sich gemäß dem Gebot Gottes für die Menschen ein. Er dankte dem Vater dafür, dass er immer auf ihn gehört hatte. Weil Gott ihm alle Macht gegeben hat, hat Jesus die Menschen geheilt und befreit, als er das Evangelium vom Reich Gottes verkündete. Er hat die Anforderungen für uns erfüllt, als er unsere Sünden mit seinem kostbaren Blut als Opferlamm reinigte. Er hat uns in seinem Blut einen neuen Bund geschenkt, so dass wir das Gesetz der Tieropfer nicht mehr erfüllen müssen. Als unser ewiger Hohepriester sitzt Jesus zur rechten Hand Gottes und tritt für uns ein. Jesus Christus hat uns einen neuen Weg gezeigt, wie wir Gott anbeten und zu ihm beten können. Er sagte der samaritanischen Frau, dass Gott jetzt will, dass wir ihn im Geist und in der Wahrheit anbeten und nicht in Jerusalem oder auf dem Berg Sinai (Johannes 4,21-26).

Jesus, der einzige Weg zu Gott

Nach dem Neuen Testament ist Jesus der einzige Weg zu Gott (Johannes 14,6). Als unser ewiger Hohepriester beten wir in seinem Namen zum Vater. Er ist der einzige Vermittler zwischen Gott und den Menschen.

⁶ Jesus spricht zu ihm: Ich bin der Weg, die Wahrheit und das Leben; niemand kommt zum Vater denn durch mich. — **Joh. 14:6**

Gott hat Jesus alles anvertraut und ihm einen Namen gegeben, dem sich alles unterordnet. Die Apostel haben im Namen Jesu Fürsprache gehalten. In ihm haben wir den Sieg. Deshalb beten die Fürbitter nur im Namen Jesu zu Gott. Im Namen Jesu empfangen wir Erlösung, Befreiung und alle Wohltaten des Neuen Testaments. Ohne ihn können wir nichts tun (Johannes 15). Jesus hat uns auch ein Gebetsmodell gegeben, das Folgendes umfasst:

- **Privatsphäre** - Betet zum Vater im Verborgenen.
- **Anbetung** - „Vater unser, der du bist im Himmel".
- **Gottes Wille** - „Dein Reich komme".
- **Tägliche Bedürfnisse** - „Unser tägliches Brot gib uns heute".
- **Vergebung** - „Vergib uns unsere Sünden,".
- **Bitte** - „Befreiung von Versuchung und Übel".
- **Danksagung** - „Denn dein ist das Reich".
- **Fasten**
- **Beharrlichkeit**
- **Immer und um Mitternacht** (Matthäus 6,5-18).

Datenschutz

Jesus betete offen für die Menschen, um ihre Befreiung zu erlangen, aber er hatte auch besondere Orte, an die er sich zum Gebet zurückzog. Zum Beispiel wachte er oft frühmorgens auf und ging allein an einen einsamen Ort oder an einen Berghang, um mit Gott zu sprechen (Markus 1,34-35). Er zog sich auch in die Wüste zurück und betete, nachdem er dem Volk gedient hatte.

Er nahm Petrus, Johannes und Jakobus mit und ging auf einen Berg, um zu beten. Während er betete, veränderte sich das Aussehen seines Gesichts und seine Kleider wurden strahlend weiß. Jesus riet uns auch, heimlich zu beten, damit Gott uns offen belohnen kann.

> *„Und wenn du betest, sollst du nicht sein wie die Heuchler; denn sie lieben es zu beten und stehen in den Synagogen und an den Straßenecken, damit sie von den Menschen gesehen werden. Wahrlich, ich sage euch: Sie haben ihren Lohn. 6 Du aber, wenn du betest, gehe in deine Kammer und schließe deine Tür zu und bete zu deinem Vater, der im Verborgenen ist; und dein Vater, der ins Verborgene sieht, wird dir's vergelten öffentlich." — Matt. 6:5, 6*

Obwohl die Apostel dem Volk in der Öffentlichkeit dienten, versammelten sie sich gewöhnlich drinnen, um zu beten. Zum fürbittenden Gebet gehört es, alle Störungen und Unterbrechungen auszuschließen, sich nicht offen zu zeigen und alle Gedanken auf Gott allein zu richten, damit er eine vollständige Bestandsaufnahme von uns macht und für andere eingreift. Ein privates Gebetsleben stärkt unsere Gemeinschaft mit Gott. Gott schätzt eine persönliche Beziehung, denn unsere Gemeinschaft mit ihm bringt uns Freude.

Anbetung

Anbetung ist eine intensive Bewunderung in Ehrfurcht und Anbetungshaltung vor dem Herrn, unserem Schöpfer. Jesus hat den Vater immer angebetet. Er lehrte auch die Jünger, ihre Gebete mit Anbetung zu beginnen, indem sie den himmlischen Vater anbeten. Wir beten Gott an, indem wir sein göttliches Wesen verkünden und seinen Namen mit Worten und Liedern heiligen. Die himmlischen Heerscharen beten Gott an, indem sie sich niederwerfen und seine Herrlichkeit, Macht und Ehre verkünden (Offenbarung 4). Bei der Anbetung knien manche Menschen, während andere sich vor dem Herrn niederwerfen. Aber ganz gleich, wie Sie sich verhalten, wichtig ist, dass Ihre Anbetung von Herzen kommt. Jesus sagte, Gott wolle, dass wir ihn im Geist und in der Wahrheit anbeten (Johannes 4). Deshalb müssen wir aus einem reinen und liebenden Herzen heraus mit Anbetung vor Gott treten. Wir beten Gott an, weil wir ihn so lieben, wie er ist.

„Vater unser im Himmel, geheiligt werde dein Name. [10] Dein Reich komme, dein Wille geschehe, wie im Himmel, so auf Erden." - **Matthäus 6,9-10**

„8 Und die vier Tiere hatten ein jegliches sechs Flügel um sich, und sie waren voller Augen inwendig und ruhten nicht Tag und Nacht und sprachen: Heilig, heilig, heilig, Herr, Gott, der Allmächtige, der da war und der da ist und der da kommt. [9]Und wenn diese Tiere dem, der auf dem Thron saß, der da lebt von Ewigkeit zu Ewigkeit, Ehre und Dank geben,[10] so fallen die vierundzwanzig Ältesten nieder vor dem, der auf dem Thron saß, und beten den an, der da lebt von Ewigkeit zu Ewigkeit, und werfen ihre Kronen vor den Thron und sprechen:[11] Du bist würdig, Herr, zu nehmen die Herrlichkeit und die Ehre und die Kraft; denn du hast alles geschaffen, und nach deinem Wohlgefallen sind sie geschaffen." - **Offb. 4:8-11**

Gott möchte, dass seine Kinder ihn anbeten. Als die Pharisäer Jesus fragten, warum die Menschen bei seinem triumphalen Einzug in Jerusalem Gott lobten, sagte er, dass die Steine schreien würden, wenn sie schweigen würden.

„[40] Und er antwortete und sprach zu ihnen: Ich sage euch, wenn diese schweigen würden, so würden die Steine alsbald schreien." -
Lukas 19:37-40

So nähern wir uns Gott demütig als dem souveränen Herrn, der Himmel und Erde geschaffen hat, und erkennen seine Heiligkeit, Größe, Gerechtigkeit und Vollkommenheit in allem an. In der Anbetung bezeugen wir, dass Gott größer als alles ist und unserer Anbetung würdig. Gott wünscht sich aufrichtige Anbetung und verdient sie auch. Dann fahren wir mit dem Lobpreis fort und erzählen freudig von allen guten und mächtigen Taten Gottes. Mit Dankbarkeit in unserem Herzen würdigen wir Gottes gerechte Taten. Wir loben ihn für seine Güte und Barmherzigkeit. Jesus lobte und dankte Gott stets für seine Liebe zu den Menschen. Lobpreis und Anbetung ziehen Gottes Gegenwart an. Als zum Beispiel Paulus und Silas im Gefängnis Gott lobten und anbeteten, erschütterte seine Gegenwart das ganze Gebäude, und es gab eine mächtige Befreiung, weil in seiner Gegenwart Freiheit ist. In ähnlicher Weise erfüllte Gottes Gegenwart den Ort, an dem die Jünger ihn anbeteten, nachdem die Pharisäer ihnen gedroht hatten, sie dürften nicht im Namen Jesu heilen oder predigen.

Wenn wir Gott loben und anbeten, überschattet uns seine Gegenwart und befreit uns von Knechtschaft, insbesondere vom Geist der Schwere. Dann erfüllt er uns mit dem Geist der Freude. Lobpreis und Anbetung sind also entscheidend für die Fürbitte. Wir müssen ihn in jeder Situation und überall mit Liedern und liebevollen Worten loben und anbeten. Wir können Gott jedoch nur anbeten, wenn wir wissen, wer er ist, indem wir sein Wort studieren und ihm gehorchen.

Gottes Wille

Jesus hat in seinem frühen Wirken den Willen des Vaters ausgeführt. Er ahmte nach, was Gott tat. Unser himmlischer Vater erhört Gebete nach seinem Willen. Daher entsprachen Jesu Handeln, Reden und Fürbitten dem Willen Gottes.

So unterwarf er sich beispielsweise dem Willen Gottes, als er sich im Garten Gethsemane quälte, weil er wusste, dass Gott den Erlösungsplan für die Menschheit mit Sicherheit über sein zeitweiliges Leiden stellen würde. Gott gab Jesus Autorität und Macht, um seinen Willen auf Erden zu erfüllen. Er hat auch die Gläubigen durch Jesus mit dem Heiligen Geist gesalbt und bevollmächtigt, seinen Willen auf der Erde fortzusetzen.

> *„ [19] Da antwortete Jesus und sprach zu ihnen: Wahrlich, wahrlich, ich sage euch: Der Sohn kann nichts von sich aus tun, sondern was er den Vater tun sieht; denn was dieser tut, das tut auch der Sohn. [20] Denn der Vater hat den Sohn lieb und zeigt ihm alles, was er selbst tut; und er wird ihm noch größere Werke zeigen, damit ihr euch wundert. [21] Denn wie der Vater die Toten auferweckt und lebendig macht, so macht auch der Sohn lebendig, wen er will. " — **Johannes 5:19-21**

Woher kennen die Fürbitter den Willen Gottes?

Wir können die Gedanken Gottes in jeder Situation nur durch sein Wort - die Bibel und die Offenbarung - erfahren. Der Heilige Geist spricht zu uns durch das Wort Gottes. Außerdem nimmt der Geist die Lehren Christi, das Wort Gottes, und vereinfacht sie für den Gläubigen. Er handelt nicht unabhängig vom Wort Gottes. Daher ist der vom Geist geleitete Gläubige ein Täter des Wortes (Johannes 16,13-15).

> *„ ¹² Ich habe euch noch vieles zu sagen, aber ihr könnt es jetzt nicht ertragen. ¹³Wenn aber der Geist der Wahrheit kommt, wird er euch in alle Wahrheit leiten; denn er wird nicht aus sich selbst reden, sondern was er hören wird, das wird er reden, und er wird euch zeigen, was kommen wird. ¹⁴Er wird mich verherrlichen; denn er wird von mir empfangen und wird es euch verkünden. " - Johannes 16:13-14*

Der Heilige Geist, unser Lehrer, hilft uns, Gottes Wort zu verstehen und zu wissen, was er von uns will. Gott beantwortet Gebete nach seinem Willen, wie er in seinem Wort dokumentiert ist. Er wird unsere Gebete nicht erhören, wenn wir um etwas bitten, das über seine Verheißungen hinausgeht. Gott wird uns nicht alles gewähren, was wir von ihm erbitten, denn er weiß, was für uns am besten ist. Um effektiv beten zu können, müssen wir durch das Lesen der Bibel lernen, was Gott in seinem Wort versprochen hat. Dann können wir unsere Gebete darauf gründen. Wir beten für die Verheißungen Gottes, indem wir sein Wort verkünden. Außerdem würden wir ohne die Führung des Heiligen Geistes in Fleischlichkeit leben, beherrscht von der alten sündigen Natur, in Rebellion und ohne

Gemeinschaft mit Gott. Der Heilige Geist hilft den Gläubigen, einen christusähnlichen Charakter zu leben und befähigt sie, Gottes Plan auszuführen.

Außerdem hat Gott die Gläubigen mit geistlichen Gaben ausgestattet, damit sie seinen Willen in Echtzeit erkennen können. Dazu gehören Weisheit, Erkenntnis, Glaube, Heilung, Wunder, Prophetie,

Unterscheidungsvermögen, Zungenrede und Auslegung von Zungen. Die Gabe der Heilung ist die Manifestation des Geistes Gottes, die auf wundersame Weise Heilung und Befreiung bewirkt. Es gibt noch andere Gaben, wie Träume und Visionen. Jesus sagte, der Heilige Geist werde uns Offenbarungen von Dingen zeigen, die Gott uns freiwillig gegeben hat.

Jeder Gläubige muss wissen, wie der Heilige Geist mit ihm kommuniziert. Die Apostel benutzten diese Gaben in ihrer Fürbitte, während sie das Evangelium verkündeten. Evangelium verkündeten.

Sie heilten die Kranken und befreiten die Unterdrückten zur Ehre Gottes. So betete Petrus, der mit der Gabe der Heilung ausgestattet war, für die Heilung des Lahmen an der Schönen Pforte des Tempels (Apostelgeschichte 3,2). Auch Paulus erlebte an vielen Orten, an denen er das Evangelium verkündete, Zeichen und Wunder. Wie die Apostel müssen auch wir diese Gaben einsetzen, um Menschen von der Unterdrückung durch den Teufel zu befreien. Gott wird uns jedoch züchtigen, wenn wir diese frei gegebenen Gaben des Geistes für selbstsüchtige Vorteile nutzen.

„Die Offenbarung des Geistes aber ist jedem Menschen gegeben, damit er daraus Nutzen ziehe. [8]Denn dem einen ist durch den Geist

gegeben das Wort der Weisheit, dem andern das Wort der Erkenntnis durch denselben Geist;[9] dem andern der Glaube durch denselben Geist; dem andern die Gaben der Heilung durch denselben Geist;[10] dem andern das Wirken von Wundern; dem andern die Weissagung; dem andern die Unterscheidung der Geister; dem andern verschiedene Arten von Zungen; dem andern die Auslegung der Zungen: [11]Dies alles aber wirkt ein und derselbe Geist, der einem jeden zuteilt, wie er will." — 1 Korinther 12,7-11

Unsere natürlichen Sinne können die Dinge des Geistes nicht wahrnehmen. Deshalb müssen die Fürbitter für den Heiligen Geist empfänglich sein, besonders während des Gebets. Zum Beispiel sagte Gott dem Ananias in einer Vision, er solle für Paulus beten, der nach einer Begegnung mit dem Herrn blind geworden war, weil er die Gemeinde verfolgte. Paulus erhielt auch eine Vision von Ananias, der ihm zu Hilfe kam (Apostelgeschichte 9,10-20). Außerdem wurde Paulus in einer nächtlichen Vision angewiesen, nach Mazedonien zu gehen und zu helfen. Wir dürfen nicht selbstgefällig sein, sondern müssen uns auf die Führung durch den Geist verlassen. Zum Beispiel hielt der Heilige Geist Paulus davon ab, das Evangelium in Asien zu predigen. Stattdessen wurde er in einer nächtlichen Vision angewiesen, nach Mazedonien zu gehen und zu helfen (Apostelgeschichte 16,6-10).

Begnadigung - Vergebung von Schuld

Gott kann die Sünde nicht dulden. Unsere Sünden müssen durch die befriedigten Opferanforderungen, die der heilige Gott verlangt, reingewaschen werden. Jesus sagte, dass wir Gott um die Vergebung unserer Sünden bitten müssen. Wenn wir also bereitwillig unsere Sünden bekennen, heiligt uns das Blut Jesu, so dass wir den Mut haben, uns dem Thron Gottes zu nähern und ein wirksames Gebetsleben zu führen (Hebr. 10,1).

> *„Wenn wir unsere Sünden bekennen, so ist er treu und gerecht, dass er uns die Sünden vergibt und uns reinigt von aller Ungerechtigkeit."* — ***1 Johannes 1:9***

Genauso müssen wir anderen vergeben, die uns Unrecht getan haben (Matthäus 7,12). Jesus sagte, dass diejenigen, die Gottes Vergebung wollen, anderen vergeben müssen. Gott wird dir nicht vergeben, wenn du anderen nicht vergibst (Matthäus 18, 21-35). Deshalb müssen wir von Herzen bereuen, unsere Sünden bekennen und denen vergeben, die uns beleidigt haben.

> *„ [25] Und wenn ihr steht und betet, so vergebt, wenn ihr etwas gegen jemanden habt, damit auch euer Vater im Himmel euch eure Schuld vergebe. [26] Wenn ihr aber nicht vergebt, so wird auch euer Vater im Himmel euch eure Schuld nicht vergeben."* — ***Markus 11:25-26***

Daher ist das Bekenntnis unserer Sünden und die Vergebung anderer wichtig für ein wirksames Gebet. Wir sollten die Sünde nicht beschönigen (Gal 5,13). Jesus hatte keine Sünde, deshalb hat er nie um Vergebung gebeten. Er vergab jedoch allen, die ihn zu Unrecht beschuldigten und schlecht behandelten. Selbst am Kreuz bat er Gott um Vergebung für diejenigen, die ihn gekreuzigt hatten. In gleicher Weise müssen wir als Fürbitter anderen von Herzen vergeben, damit Gott uns unsere Sünden vergibt. Die Sünde macht unsere Gebete unwirksam.

Petition

So wie wir das „tägliche Brot" für unser körperliches Wohlergehen brauchen, so brauchen wir auch die tägliche Befreiung von dem Bösen und der Versuchung, der wir täglich ausgesetzt sind. Wir brauchen das tägliche Brot für unseren Lebensunterhalt. Gott ist unser Versorger, und er deckt alle unsere Bedürfnisse. Das Gebetsmodell geht weiter mit der Bitte um Befreiung von Bösem und Versuchung. Es ist unerlässlich, Gott zu vertrauen, dass er für unsere geistlichen und zeitlichen Bedürfnisse sorgt (Röm 1,10; 2 Kor 12,8). Jesus lehrt uns, um Befreiung vom Bösen und von Versuchungen zu beten, da wir den Teufel nicht allein besiegen können. Wir müssen unsere Grenzen anerkennen und Gott bitten, uns zu helfen. Der Teufel lauert überall, er brüllt und versucht, die Menschen zu verschlingen.

> „[7] Werft alle eure Sorge auf ihn; denn er sorgt für euch. [8]Seid nüchtern, seid wachsam; denn euer Widersacher, der Teufel, geht umher wie ein brüllender Löwe und sucht, wen er verschlingen kann.[9] Dem widersteht standhaft im Glauben, weil ihr wisst, dass dieselben Bedrängnisse an euren Brüdern, die in der Welt sind, vollbracht werden." — *1 Petrus 5:7-9*

So beten die Fürbitter für Gott, dass er die Menschen vom Bösen und von Versuchungen befreit. Wir sind täglich mit der Bosheit, den Fallstricken und den Tücken des Teufels konfrontiert, z. B. mit der Sünde und ihren Folgen, mit Kriegen, Krankheiten, Lust, Armut und allen Arten von Schmerz. Die Fürbitter müssen für die Befreiung anderer eintreten, denn unser Sieg ist in Jesus Christus. Jesus hat die Versuchungen des Satans mit dem Wort Gottes überwunden. Er hat für all unsere Sünden bezahlt und uns befreit, aber der

Teufel bedrängt uns weiterhin mit dem Bösen und seinen gottlosen Verlockungen. Gott hat jedoch die Gläubigen durch sein Wort und den Heiligen Geist befähigt, dem Teufel zu widerstehen und für andere zu beten. So haben die Apostel zum Beispiel für die Kranken, die von Dämonen Besessenen und die Menschen, die unter vielen Plagen des Teufels leiden, Fürsprache gehalten.

> *„¹² Darum freuet euch, ihr Himmel und die ihr darin wohnt. Weh den Bewohnern der Erde und des Meeres! denn der Teufel ist zu euch herabgestiegen und hat einen großen Zorn; denn er weiß, dass er nur eine kurze Zeit hat...¹⁷ Und der Drache wurde zornig über das Weib und ging hin, Krieg zu führen mit den übrigen von ihrem Samen, die Gottes Gebote halten und das Zeugnis Jesu Christi haben.“ — **Offenbarung 12:12, 17***

Darüber hinaus müssen die Fürbitter für die Befreiung verlorener Seelen und für Gläubige beten, die in ihrem christlichen Leben Schwierigkeiten haben. Der Teufel will, dass wir versagen, so wie er in Ungnade gefallen ist. Deshalb bedrängt er uns mit allen möglichen Arten des Bösen und der Versuchung in jedem Aspekt des Lebens. Mit seinen Versuchungen in der Wüste wollte er Jesu Mission auf der Erde zum Scheitern bringen, aber er scheiterte. Der Teufel verführte auch Petrus, Jesus nach seiner Verhaftung zu verleugnen. Aber weil Jesus vorher für Petrus gebetet hatte, bereute er und erfüllte den ihm übertragenen Auftrag, die Urgemeinde zu leiten.

> *„³¹ Und der Herr sprach: Simon, Simon, siehe, der Satan begehrt dich zu haben, damit er dich wie Weizen sieben kann: ³²Ich aber*

habe für dich gebetet, dass dein Glaube nicht versage; und wenn du dich bekehrt hast, stärke deine Brüder. " — ***Lukas 22:31-32***

Die Fürbitter müssen jedoch anerkennen, dass Gott Gebete immer nach seinem Willen und seiner Zeit erhört und nicht nach unseren Wünschen. Deshalb sollten wir unsere Gebete vorlegen und geduldig warten und Gottes Willen akzeptieren. Paulus zum Beispiel betete dreimal um Befreiung von einem „Dorn im Fleisch", aber Gott sagte, dass seine Gnade ausreiche, damit Paulus ihn ertragen könne (2. Korinther 12,7-9).

Erntedankfest

Sich dankbar zeigen, Vorteile oder Gunst erweisen, besonders Gott gegenüber. Jesus Christus dankte Gott immer für die Erhörung seiner Gebete, bevor die Ergebnisse physisch sichtbar wurden. Er glaubte an die Liebe des Vaters, seine Gebete zu erhören. Zum Beispiel dankte Jesus Gott dafür, dass er ihn erhört hatte, bevor er darum betete, dass Lazarus vom Tod auferstehen möge.

> *„ [41] Und sie trugen den Stein weg von der Stelle, wo der Tote lag. Und Jesus hob seine Augen auf und sprach: Vater, ich danke dir, dass du mich erhört hast. [42] Und ich wusste, dass du mich allezeit hörst; aber um des Volkes willen, das dabeisteht, habe ich es gesagt, damit sie glauben, dass du mich gesandt hast. [43] Und als er so geredet hatte, rief er mit lauter Stimme: Lazarus, komm heraus! [44] Und der Tote kam heraus, gebunden an Händen und Füßen mit Grabtüchern, und sein Gesicht war mit einem Tuch umbunden. Jesus spricht zu ihnen: Löset ihn auf und lasset ihn gehen. "* - ***Johannes 11:41-44***

In ähnlicher Weise forderte Paulus die Philipper auf, ihre Gebete mit Danksagung an Gott zu richten. Wenn wir mit Danksagung beten, statt zu klagen, drücken wir unser Vertrauen aus, dass Gott unsere Gebete erhört. Daher müssen Fürbitter mit Danksagung vor Gott treten und Gottes Liebe und Treue bei der Erhörung unserer Gebete anerkennen, wie schlimm die Situation auch sein mag.

> *„ [6] sorgt euch um nichts; sondern in allem lasst eure Bitten durch Gebet und Flehen mit Danksagung Gott kundwerden. [7] And Der Friede Gottes, der alles Verstehen übersteigt, wird eure Herzen und Sinne bewahren durch Christus Jesus. "* - **Philipper 4:6-7**

Fasten

In der Bibel bedeutet Fasten, die Nahrungsaufnahme für eine bestimmte Zeit freiwillig zu reduzieren oder zu unterlassen und göttliche Führung zu suchen.

Bevor Jesus sein öffentliches Wirken begann, fastete er vierzig Tage lang in der Wüste. Als er vom Heiligen Geist erfüllt war, kehrte er aus dem Jordan zurück (Matthäus 4,2).

- Er wurde vom Geist in die Wüste geführt.
- Vierzig Tage lang wurde er vom Teufel versucht.
- Er aß nichts und hungerte nach dem Fasten.

Er lehrte auch, dass das Fasten im Verborgenen stattfinden muss, ohne öffentlich traurige Miene zu zeigen. Als die Pharisäer fragten, warum seine Jünger nicht fasteten, erklärte Jesus, dass sie fasten würden, wenn er diese Erde verließ.

„ [16] Und wenn ihr fastet, sollt ihr nicht wie die Heuchler ein trauriges Gesicht machen; denn sie verunstalten ihr Gesicht, damit sie den Menschen als Fastende erscheinen. Wahrlich, ich sage euch: Sie haben ihren Lohn. [17]Du aber, wenn du fastest, so salbe dein Haupt und wasche dein Angesicht, [18] auf dass du nicht scheinbar fastest vor den Menschen, sondern vor deinem Vater, der im Verborgenen ist; und dein Vater, der es im Verborgenen sieht, wird dir's vergelten öffentlich. " — **Matthäus 6:16-18**

Nachdem einige seiner Jünger ihn gefragt hatten, warum sie den von einem taubstummen Geist gequälten Jungen nicht befreien konnten (Markus 9, 17-29). Jesus sagte ihnen, dass manche Situationen nur durch Gebet und Fasten behoben werden könnten.

„Und er sprach zu ihnen: Diese Art kann durch nichts anderes entstehen als durch Gebet und Fasten. " — **Markus 9:29**

Das bedeutet, dass in manchen Situationen sowohl Gebet als auch Fasten erforderlich sind. Daher ist das Fasten ein wesentlicher Bestandteil der Fürbitte. Kornelius zum Beispiel fastete und betete, als er eine göttliche Heimsuchung erlebte, die ihm und seinem Haus Befreiung brachte (Apostelgeschichte 10,1-48). Auch die Jünger der Urgemeinde haben immer gefastet und gebetet, bevor sie wichtige Entscheidungen trafen, z. B. die Wahl der Ältesten der Gemeinde. Als die Gemeinde in Antiochia zum Beispiel fastete und betete, wählte Gott Barnabas und Paulus für sein Werk aus (Apostelgeschichte 13).

Der Leib Christi kann mit Gebet und Fasten viel erreichen. Als die Gemeindeleiter durch Gebet und Fasten um Gottes Weisung für ihren Dienst baten, antwortete der Heilige Geist: „Setzt mir Barnabas und Saulus für das Werk aus, zu dem ich sie berufen habe" (Apostelgeschichte 13,13). Die Gemeinden in Galatien haben gefastet und gebetet, als sie Älteste zur Aufsicht über die Herde einsetzten. Wir fasten, wenn wir uns mit Versuchungen auseinandersetzen, wenn wir mit Gottes Werk beginnen und wenn wir Älteste und Leiter auswählen und ernennen.

Fasten macht die Seele demütig, und die Gebete eines demütigen Menschen werden mit größerer Wahrscheinlichkeit erhört.

Jesus warnte davor, zu fasten, um zu prahlen. Gebet und Fasten nützen nichts ohne Gehorsam.

Wir demütigen uns im Gebet vor Gott. Fasten ist heute sehr wichtig, denn Jesus sagte, seine Jünger würden fasten, wenn er nicht mehr da ist, und Gebet mit Fasten zieht effektiv Gottes Segen an (Matthäus 6:18).

Beharrliche Gebete

Ausdauerndes Gebet bedeutet, dass man so lange betet, bis man eine Antwort von Gott erhält. Jesus lehrte seine Jünger ausdauerndes Beten mit dem Gleichnis eines Mannes, der die Bitte seines Freundes um Brot um Mitternacht erfüllte, um seine Gäste zu ernähren, weil er ausdauernd war. Er sagte, dass der Mann seinem Freund das Brot nicht aus Freundschaft gab, sondern wegen seiner Beharrlichkeit.

So sagte Jesus, wenn wir bitten, suchen und anklopfen, wird unser himmlischer Vater unsere Gebete erhören. Er erklärt, dass, wenn sündige Menschen ihren Kindern Gutes geben können, unser himmlischer Vater eher bereit ist, uns zu segnen. Der blinde Bartimäus erhielt sein Augenlicht, als er Jesus beharrlich um Hilfe bat, selbst als die Leute ihn anschrieen, er solle still sein. Deshalb wird ein beharrliches und erwartungsvolles Gebet die besten Ergebnisse bringen. Unser Glaube an Gottes Güte macht uns zuversichtlich, um seine Gaben zu bitten. Ein ähnliches Gleichnis handelt von der Witwe, die den ungerechten Richter immer wieder bat, sie zu rächen. Deshalb möchte Gott, dass wir mit Ausdauer beten. In ähnlicher Weise betete Jesus im Garten Gethsemane dreimal beharrlich für das Kreuz, und Gott antwortete nach seinem Willen (Matthäus 26:36-46, Epheser 6:18).

Beharrliches Gebet zeigt die Entschlossenheit, Ergebnisse zu erzielen. Paulus betete zum Beispiel dreimal darum, dass Gott ihn befreien möge, stattdessen versicherte Gott ihm, dass seine Gnade ausreiche, um ihn zu ertragen.

Gott hat Freude daran, unsere Gebete zu erhören, wenn wir beharrlich sind. Wir müssen uns dem Willen Gottes unterwerfen und ihm gehorchen, wenn wir beharrlich sind. Gottes Wege sind richtig, nicht unsere. Es kann jedoch sein, dass unser Herz seinen Willen oder sein Timing nicht versteht, weil unsere Wege sich von seinen unterscheiden können. Wir müssen auf die Antwort Gottes warten. Im Glauben und Vertrauen auf Gottes Güte können wir konsequent im Gebet verharren.

Mitternachtsgebete

Jesus hat keine bestimmte Zeit für das Gebet festgelegt. Er befahl seinen Jüngern, immer zu wachen und zu beten, um Versuchungen zu entgehen. „So wacht und betet allezeit, damit ihr würdig seid, allem zu entgehen, was geschehen wird, und vor dem Menschensohn zu stehen" (Lukas 21,36).

Die Gebetszeit ist nicht auf eine bestimmte Tages- oder Nachtzeit beschränkt. Jesus betete jedoch oft in der Morgendämmerung, um seine Gemeinschaft mit Gott unter vier Augen zu vertiefen (Markus 1,35-38). Zum Beispiel betete Jesus die ganze Nacht, bevor er seine Jünger auswählte.

> „*12 Und es begab sich in jenen Tagen, dass er auf einen Berg ging, um zu beten, und blieb die ganze Nacht im Gebet zu Gott. 13Und da es Tag wurde, rief er seine Jünger zu sich und erwählte aus ihnen zwölf, die er auch Apostel nannte.*" — **Lukas 6:12-13**

Einige der Lehren Jesu enthüllten auch die geistliche Bedeutung der Mitternacht. Im Gleichnis von den zehn Jungfrauen zum Beispiel kam der Bräutigam um Mitternacht (Matthäus 25:6). Auch Paulus und Silas erhielten göttliche Heimsuchung und Befreiung, als sie um Mitternacht im Gefängnis beteten und Gott lobten (Apostelgeschichte 16,25-34). Weitere Fürbitten und Befreiungen um Mitternacht finden sich in der Bibel unter anderem in den folgenden Fällen: Das Gleichnis von dem Mann, der die Bitte seines Freundes um Brot um Mitternacht erfüllte, um seine Gäste zu ernähren, weil er so hartnäckig war (Lukas 11,5).

- Der Bräutigam der zehn Jungfrauen kam um Mitternacht heraus.

- Paulus und Silas beteten und sangen Gott um Mitternacht im Gefängnis Loblieder und zogen Gottes Gegenwart an, die den Häftlingen, einschließlich des Kerkermeisters, eine große Befreiung brachte.

- Paulus und die Menschen, die auf dem Weg nach Rom an der Adria Schiffbruch erlitten hatten, erlebten um Mitternacht des vierzehnten Tages eine gewaltige Befreiung (Apostelgeschichte 27,27).

Fazit

Gott hat Grundsätze für eine wirksame Fürbitte gegeben. Er gab Mose im Alten Testament das Vorbild für die Priester. Die Priester hatten den Auftrag, mit Opfern und Gaben vor Gott zu dienen. Der Hohepriester stand in der Lücke und sühnte für die Sünden der Unreinheit im Tempel. Das Tierblutopfer konnte jedoch die Priester und Israel nicht von Ungerechtigkeit reinigen. Jesus, der ewige Hohepriester, wusch unsere Sünden mit seinem Blut ab - etwas, das die Blutopfer der levitischen Priester nicht bieten konnten. Er gab uns das Recht, in Gottes Gegenwart zu leben, geistliche Opfer des Lobes darzubringen und eine innige Gemeinschaft mit ihm zu genießen. Jesus erfüllte all diese Anforderungen im Neuen Testament, als er die Sünden der Menschheit und sich selbst mit seinem Blut sühnte. Jesus wurde der große Hohepriester und der letzte Fürsprecher. Er rechnete allen Gläubigen seine Gerechtigkeit zu und gab uns durch ihn ein perfektes Vorbild für das Gebet zur Verherrlichung Gottes.

Dieses Kapitel befasste sich mit dem Modell der Fürbitte, das Lobpreis, Sündenbekenntnis, Danksagung und Flehen mit Hilfe des Heiligen Geistes nach dem Willen Gottes umfasst. Im nächsten Kapitel geht es um die Hindernisse, die einer wirksamen Fürbitte im Wege stehenden.

„Ungerechtigkeit in meinem Herzen sehe, wird der Herr mich nicht erhören." — *Psalm 66:18*

„Wenn jemand nicht in mir bleibt, wird er wie eine Rebe weggeworfen und verdorrt; und die Menschen sammeln sie und werfen sie ins Feuer, und sie werden verbrannt. Wenn ihr aber in mir bleibt und meine Worte in euch bleiben, so werdet ihr bitten, was ihr wollt, und es wird euch widerfahren." — *Johannes 15,6-7*

5

Hindernisse für die Fürbitte

Sie legen Fürsprache für jemanden ein, aber was macht Ihre Gebete wirkungslos? Ist der Angriff des Feindes ein Faktor? Gott hat in der Bibel erklärt, dass Ungehorsam gegenüber seinem Wort das einzige Hindernis für unsere Gebete ist. Als Adam und Eva seinen Gesetzen nicht gehorchten, vertrieb er sie aus dem Garten Eden. In ähnlicher Weise verwarf er die Opfer und Gaben einiger levitischer Priester wegen ihres Ungehorsams.

> *„Siehe, die Hand des HERRN ist nicht verkürzt, dass sie nicht erretten könnte, und sein Ohr ist nicht schwer, dass es nicht hören könnte.* [2 But] *Eure Missetaten haben euch von eurem Gott geschieden, und eure Sünden haben sein Angesicht vor euch verborgen, dass er nicht hört."* — **Jesaja 59:2**

Doch Jesus, der ultimative Fürsprecher, erfüllte alle Bedingungen, um der perfekte Hohepriester zu sein. Er befolgte alle Gesetze Gottes und kommunizierte täglich mit ihm. Deshalb erhörte Gott alle seine Gebete. Jesus warnte auch davor, dass die Ungehorsamen keine Frucht bringen können und aus dem Reich Gottes hinausgeworfen werden, aber die Gebete der Gehorsamen werden erhört (Johannes 15:6-7).

Hindernisse für die Fürbitte im Alten Testament

Die Rebellion und der Sündenfall des ersten Paares im Garten Eden zerstörten ihre Beziehung und die Gemeinschaft mit Gott. In der Folgezeit war die Menschheit mit Hindernissen in ihrer Kommunikation mit Gott konfrontiert. Doch der barmherzige Gott hat sein Volk immer wieder dazu geführt, zu ihm in die Gemeinschaft zurückzukehren.

Als Gott zum Beispiel das unwürdige Opfer Kains zurückwies, forderte er ihn auf, ein besseres Opfer zu bringen (1. Mose 4,7). In ähnlicher Weise unterwies Gott Mose über die Anforderungen für annehmbare und unannehmbare Opfer und Gaben der levitischen Priester. Er befahl den Priestern auch, nicht unheilig vor ihm zu erscheinen, da sie sonst sterben würden. Dennoch verstießen einige Priester gegen das mosaische Gesetz und brachen den Bund Gottes mit Israel. So konnten sie ihre Aufgabe als Fürsprecher nicht glaubwürdig erfüllen.

Hindernisse nach dem Gesetz

Rebellion

Rebellion ist ein vorsätzlicher Ungehorsam gegenüber Gottes Wort. Gott hasst Rebellion, weil sie zum Fall aus der Gnade führt. Diejenigen, die seinen Gesetzen nicht gehorchen, müssen mit schwerwiegenden Konsequenzen rechnen. Zum Beispiel war Luzifer einst ein geachteter Engel im Himmel. Doch als er sich im Himmel gegen Gott auflehnte, wurde er auf die Erde gestürzt und wurde zum Teufel. In ähnlicher Weise kamen die beiden Söhne Aarons um, als sie entgegen Gottes Geboten fremdes Feuer in der Stiftshütte opferten.

Gottes Hass auf Rebellion zeigte sich in der Geschichte des heidnischen Propheten Bileam. Als der moabitische König Balak ihn bat, die Israeliten zu verfluchen, weil sie ihn und sein Land überfallen wollten, bot er Bileam ein Geschenk für seine Dienste an. Gott warnte ihn davor, den Moabitern, den Feinden Israels, zu helfen oder sie zu besuchen, aber er gehorchte nicht, bis Gott einlenkte. Später erschlugen ihn die Israeliten im Kampf (Num. 22; Jos. 24). Auch der Prophet Samuel verglich die Rebellion mit Hexerei und Götzendienst, als König Saul sich gegen den Herrn auflehnte (1. Sam. 15).

Erstens war Saul ungeduldig und brachte dem Herrn Brandopfer und Opfer dar, weil Samuel nicht rechtzeitig gekommen war, um das Opfer darzubringen. Saul war angewiesen worden, sieben Tage zu warten, bis Samuel kam, um ein Opfer darzubringen und die Gunst des Herrn im Kampf zu erbitten. Stattdessen ging er ihm voraus und brachte Gott ein Opfer dar. Er verschonte das Leben des Königs Agag und nahm die Beute der Schlacht, obwohl Gott ihm befohlen hatte, die Amalekiter und alles, was sie besaßen, zu vernichten.

Der Himmel wird seine Pforten gegen uns verschließen, wenn wir in Rebellion mit Gott kämpfen. So verwarf Gott Saul und wählte David zum König von Israel. Sauls Ungehorsam erregte Gottes Zorn, der Heilige Geist verließ ihn, und ein böser Geist quälte ihn. Außerdem konsultierte er eine Hexe, die ihm helfen sollte, mit dem Geist Samuels zu sprechen (1. Samuel 13-16). Traurigerweise starb Saul wegen seiner Untreue gegenüber dem Herrn und weil er ein Medium um Rat gefragt hatte. Außerdem zerstörte die Rebellion auch das Leben und das Schicksal von König Saul. Es ist wichtig, Gott von Herzen zu gehorchen und nicht zu opfern.

Man muss nicht stur sein, wenn sich das Antlitz Gottes von einem abgewandt hat, wie es bei Saul der Fall war. Es ist gefährlich, Gott nicht zu gehorchen. Er weigert sich, deine Gebete zu erhören oder dich zu segnen. Vertrauen Sie immer auf Gottes Wohlwollen und überlassen Sie ihm jede Situation. Es gibt keinen Grund, entmutigt zu sein, wenn der Heilige Geist sich Ihnen offenbart und Sie wissen, dass Ihre Gebete erhört werden. Außerdem sind erhörte Gebete und Gehorsam gegenüber dem Vater eng miteinander verbunden.

Götzendienst

Götzendienst bedeutet, dass man Götzen, Bilder, eine Person oder irgendetwas anderes als den wahren Gott anbetet. Er ist der ultimative Verrat an der Beziehung zwischen Gott und dem Menschen und ein schweres Vergehen gegen Gott. Das erste der Zehn Gebote,

> *„Ich bin der Herr, dein Gott, du sollst keine anderen Götter haben vor mir." — 2. Mose 20:3*

Verbietet ausdrücklich den Götzendienst. *Alle* Formen des Götzendienstes sind für Gott unannehmbar. Sie steht im Widerspruch zu „Und du sollst den Herrn, deinen Gott, lieben von ganzem Herzen, von ganzer Seele und mit all deiner Kraft" (5. Mose 6,5).

Zum Beispiel befahl Gott Jakob und seinem Haus, ihre fremden Götter loszuwerden, bevor er in Bethel ankam, und ihm einen Altar zu bauen. Gott wollte die Israeliten als Nation vernichten, als sie das goldene Kalb anbeteten, das Aaron gemacht hatte, aber Mose entledigte sich des gegossenen Bildes und legte Fürsprache für Israel ein.

Israel hatte einen Bund mit Gott geschlossen, um ihm allein zu dienen. Gott sagte ihnen, sie sollten die Götzen in Kanaan zerstören. Doch als die Israeliten nach Kanaan kamen, versäumten sie es, die dortigen Götzentempel zu zerstören. Daher wandten sie sich häufig kanaanitischen religiösen Praktiken zu, die ihre Anbetung Gottes veränderten und zu Götzendienst führten. Zu diesen heidnischen Praktiken gehörten sexuelle Unmoral, Menschenopfer und das Opfern von unreinen Tieren im Tempel als Teil ihrer religiösen Rituale.

Sie hörten nicht auf die wiederholten Warnungen Gottes und gaben die Ehre Gottes den Götzen. Infolgedessen ließ Gott zu, dass ihre Feinde sie besiegten. Gott reagierte jedoch immer auf Israels Hilferufe und schickte einen Richter oder Propheten, um sie zu retten. Mose bezeichnete diese falschen Götter als Dämonen. Dämonen sind die Mächte, die hinter dem Götzendienst stehen; einige dieser Praktiken sind Wahrsagerei und die Kommunikation mit gottlosen geistigen Kräften. Saul bat zum Beispiel die Hexe von Endor, Samuel von den Toten zurückzuholen, und die Hexe sah einen Geist aus der Erde aufsteigen, der Samuel darstellte.

Gott verlangte von seinem Volk, ihn allein zu suchen. Leider kopierte Israel diese bösen Praktiken der Nachbarvölker, anstatt sich an Gottes Gebot zu halten. Schließlich teilte Gott Israel in zwei Königreiche, Juda und Israel, nachdem König Salomo Götzen angebetet hatte. Salomo liebte viele ausländische Frauen, die ihn beeinflussten, Tempel für ihre heidnischen Götter zu bauen.

Gott gab Jerobeam das nördliche Königreich Israel, aber er brachte Israel auch dazu, Götzen anzubeten, und verbot ihnen, zum Gottesdienst nach

Jerusalem zu gehen. Jerobeam baute auch zwei goldene Kälber und machte Menschen zu Priestern, die keine Leviten waren. Auch König Ahab und seine Frau Isebel waren bemerkenswerte Götzenanbeter in Israel. Diese Praktiken wurden fortgesetzt, bis die Assyrer Samaria zerstörten und die zehn Stämme zerstreuten. Im Nordreich dauerte der Götzendienst fast zwei Jahrhunderte an. Schließlich eroberten die Assyrer Israel und zerstreuten die zehn Stämme auf Gottes Geheiß hin. Dennoch lebten im Südreich Juda viele gottesfürchtige Könige, wie Hiskia und Josia.

Wegen böser Könige wie Manasse wurde der Götzendienst jedoch weit verbreitet. Während der Herrschaft von König Zedekia z.B. verbrannten einige Priester Weihrauch auf hohen Plätzen, bauten Altäre für Götzen und beteiligten sich an der Verunreinigung des Tempels. Daraufhin sandte Gott Propheten, die sein Volk warnten, dass auch Jerusalem zerstört werden würde. Trotz dieser Warnungen wurde der Götzendienst fortgesetzt, bis Gott schließlich seine Prophezeiung durch König Nebukadnezar von Babylon erfüllte, der die Stadt eroberte und den Tempel zerstörte.

Verschmutzte Kleidungsstücke

Gott verlangte von den Priestern, dass sie heilige Kleider trugen, bevor sie vor ihm Dienst taten. Als Zeichen ihrer Würdigkeit mussten sie baden und heilige Kleider tragen, wie von Gott vorgeschrieben, sonst würden sie sterben. Gott beschrieb ausführlich die makellosen Gewänder der Priester (Exodus 28). Es waren heilige Gewänder für Aaron und seine Söhne für den Dienst.

„Auch die gewebten Kleider und die heiligen Kleider für Aaron, den Priester, und die Kleider seiner Söhne, mit denen sie ihr Priesteramt ausüben." — **Exodus 31:10**

Deshalb mussten sich die Priester vor dem Tragen der heiligen Gewänder von jeglicher Unreinheit reinigen. Sie durften nichts Unreines berühren. Als zum Beispiel die beiden Söhne Aarons starben, befahl Gott ihm, sich nicht mit ihren toten Körpern zu verunreinigen (Levitikus 10:1-7). Auch dem Hohepriester Josua widerstand der Satan, weil er schmutzige Kleider trug. Die Sünde befleckte sein Gewand und machte ihn vor Gott unwürdig. Er brauchte heilige Kleider ohne Flecken und Falten, um sich Gott zu nähern. So quälte ihn der Satan, und er war als Fürsprecher für Israel untauglich. Aber Gott hatte Erbarmen mit ihm. Er wies den Satan zurecht und gab Josua ein neues Gewand (Sacharja 3,1-8). Gott befahl den Priestern auch, sich nicht mit alkoholischen Getränken zu verunreinigen.

„⁸ Und der HERR redete mit Aaron und sprach:⁹ Du sollst weder Wein noch starkes Getränk trinken, du und deine Söhne mit dir, wenn ihr in die Hütte des Stifts geht, damit ihr nicht sterbt; das soll eine ewige Satzung sein bei euren Nachkommen: ¹⁰Und dass ihr unterscheidet zwischen heilig und unheilig und zwischen unrein und rein." — **Levitikus 10:8-10**

Ungöttliches Familienleben

Als Gott die Welt erschuf, schuf er die Ehe als Bund fürs Leben. Die Ehe ist ein Bund, der zwischen einem Mann und einer Frau geschlossen wird. Er schuf die Ehe, um dem Menschen eine Gefährtin zur Seite zu stellen, mit der er sich fortpflanzen kann, um sein Reich auf Erden zu vergrößern. Gott befiehlt seinen Kindern, dem Ehebund treu zu sein, und verbot Israel, Heiden zu heiraten, weil diese sie dazu verleiten würden, ihren Götzen zu dienen.

> *„Deine Tochter sollst du seinem Sohn nicht geben, und seine Tochter sollst du deinem Sohn nicht nehmen. ⁴Denn sie werden deinen Sohn davon abbringen, mir nachzufolgen, um anderen Göttern zu dienen; so wird der Zorn des herrn über dich entbrennen und dich plötzlich vernichten."* — **5. Mose 7:3-4**

Doch die Priester von Juda misshandelten ihre Frauen und heirateten zur Zeit Maleachis fremde Frauen. Sie waren betrügerisch, hinterlistig, beleidigend, missbräuchlich und setzten ihren Bund für die Ehe mit Gewalt aufs Spiel. Deshalb wies Gott ihre Gebete und Opfer zurück (Maleachi 2:1-16).

> *„¹² Der HERR wird den Mann, der das tut, den Meister und den Gelehrten, aus den Hütten Jakobs ausrotten, und den, der dem HERRN der Heerscharen ein Opfer darbringt. ¹³Und das habt ihr wieder getan, daß ihr den Altar des HERRN mit Tränen, Weinen und Schreien bedeckt habt, so daß er das Opfer nicht mehr ansieht und es nicht mehr mit Wohlwollen von eurer Hand annimmt. ¹⁴Ihr aber sprecht: Warum? Weil der HERR Zeuge war zwischen dir und dem Weibe deiner Jugend, an dem du treulos gehandelt hast; und doch ist sie deine Gefährtin und das Weib deines Bundes."* - **Maleachi 2:11-14**

Nachdem Juda aus Babylon nach Jerusalem zurückgekehrt war, verunreinigten sich einige Priester und Leviten, indem sie Nichtjuden heirateten. Esra stellte sich jedoch in die Bresche und führte das Volk zur Umkehr von seinem bösen Tun. Diejenigen, die Nichtjuden geheiratet hatten, schickten sie fort (Esra 9,1-2). Zweitens gebot Gott den Israeliten, ihre Kinder seine Gesetze zu lehren, damit sie in seinen Wegen wandeln. Gott lobte Abraham, dass er seine Kinder und sein Haus in den Wegen des Herrn führen würde (1. Mose 18,19). Abraham hielt sich nicht nur an die Gebote, sondern er lehrte auch seine Familie, dies zu tun. Gott sagte auch, dass Priester, deren Töchter ein gottloses Leben führen, ihre Väter verunreinigen (Levitikus 21,9).

„⁶ Und diese Worte, die ich dir heute gebiete, sollen in deinem Herzen sein: ⁷Und du sollst sie deine Kinder fleißig lehren und davon reden, wenn du in deinem Hause sitzt, wenn du auf dem Wege gehst, wenn du dich niederlegst und wenn du aufstehst." —
Deuteronomium 6:6-7

Die Kinder einiger Priester führten jedoch ein gottloses Leben. Eli zum Beispiel war der Hohepriester von Silo, aber seine Söhne verdrehten die Gesetze Gottes und rebellierten gegen ihn. Sie nahmen die Gaben und Opfer, die für Gott bestimmt waren, zu ihrem eigenen Vorteil und begingen sexuelle Unzucht mit Frauen im Tempel, aber Eli konnte sie nicht in Schach halten. So starb Eli mit seinen beiden Söhnen, und Gott nahm das Priesteramt von seinem Haus weg. Gott züchtigte Eli und seine beiden Söhne, weil sie die heiligen Gefäße des Tempels entweiht hatten (1 Sam 2,22-36). In ähnlicher Weise setzte Samuel seine Söhne Abija und Joel als

Richter über Israel ein, als er alt wurde. Sie wandelten jedoch nicht auf seinen Wegen, sondern verdrehten das Recht und ließen sich bestechen. Samuel war ein erfolgreicher Fürsprecher für Israel, aber seine ungehorsamen Kinder folgten ihm nicht. Deshalb verlangte das Volk nach einem König, der über sie herrschen sollte (1. Samuel 8,1-22).

Verseuchte Gefäße

Im Tempel Gottes gab es eine Vielzahl von Gefäßen aus Gold, Silber, Messing und Kupfer. Diese heiligen Gefäße enthielten Öl, Asche, Gewürze, kostbare Salben, Brot und andere Dinge, die die Priester bei ihren täglichen und jahreszeitlichen Diensten verwendeten.

Daher waren diese Gefäße dem Herrn heilig, und er erlaubte nur den Priestern und Leviten, diese heiligen Gegenstände zu handhaben. Doch einige Könige von Juda verachteten die heiligen Gefäße und verstießen gegen die Gesetze. Sie machten keinen Unterschied zwischen Heiligem und Unheiligem. So entweihten sie die heiligen Gefäße, und Gott bestrafte sie. König Ahas von Juda zum Beispiel entweihte die Gefäße, und Gott übergab ihn in die Hände seiner Feinde.

> *„²⁴ Und Ahas sammelte die Gefäße des Hauses Gottes und zerbrach die Gefäße des Hauses Gottes und verschloss die Türen des Hauses des HERRN und machte ihm Altäre an allen Ecken Jerusalems. ²⁵Und in allen Städten Judas machte er Höhen, um anderen Göttern zu räuchern, und erzürnte den Herrn, den Gott seiner Väter." — **2. Chronik 28:24, 25***

Nach der Invasion Jerusalems durch Nebukadnezar und der Zerstörung des Tempels gelangten die Gefäße des Tempels nach Babylon (Daniel 1,1-2). Gott bestrafte jedoch den babylonischen König Belsazar dafür, dass er die heiligen Gefäße als Trinkbecher für seine Party benutzte.

Der König und sein Gefolge priesen die Götter des Goldes und des Silbers, des Messings, des Eisens, des Holzes und des Steins, während sie diese heiligen Gefäße benutzten. Daraufhin wurde der König in dieser Nacht von König Darius gestürzt. Später übergab König Kyrus, der Nachfolger des Darius, die Gefäße an Serubbabel, damit er sie nach Jerusalem zurückschicken konnte.

Unwürdige Aufopferung

Gott verlangte perfekte Opfer und Gaben. Daher hatte er besondere Gesetze und Anforderungen für annehmbare Opfertiere und frische Produkte für Opfergaben. Die Priester brachten Tieropfer dar, um für die Sünden des Volkes zu büßen. Sie sollten makellose Tiere zum Opfern bringen, aber einige entehrten Gott und brachten kranke Tiere und verunreinigtes Brot (Maleachi 1:6-8).

> *„Du sollst dem Herrn, deinem Gott, kein Rind oder Schaf opfern, das einen Makel oder irgendeinen Fehler hat; denn das ist dem Herrn, deinem Gott, ein Gräuel."* - ***Deuteronomium 17:1***

Deshalb verabscheute Gott ihre Opfer. Er verglich, was sie ihm opferten und was sie ihren Führern gaben. Er verurteilte die Israeliten für ihren Mangel an Respekt.

„Wenn ihr blinde Tiere als Opfer darbringt, ist das nicht böse? Und wenn ihr Lahme oder Kranke opfert, ist das nicht böse? Bringt das eurem Statthalter vor; wird er euch annehmen oder euch Gunst erweisen?', spricht der Herr der Heerscharen." — **Maleachi 1:8**

Gott ist es wert, dass wir unser Bestes in unseren Gaben und Opfern geben. Maleachi warnte davor, die Opfer und Gaben zu vernachlässigen. Er wies auch darauf hin, dass Gott solche Opfer ohne Segen zurückweist. Es ist wichtig, anzubeten, aber es ist unerlässlich, es nach seinen Gesetzen zu tun.

Misshandlung von weniger Privilegierten

Gott befahl den Priestern, gerecht zu sein und die Armen nicht zu benachteiligen, insbesondere wenn sie ein Urteil fällen. Er befahl ihnen auch, für die Armen, Fremden, Waisen und Witwen zu sorgen (Levitikus 25:47-48; Deuteronomium 10:18).

- „Du sollst das Recht nicht verdrehen; du sollst den Armen nicht bevorzugen und den Großen nicht bevorzugen, sondern deinen Nächsten gerecht beurteilen." Lev. 19:15

- „Er verteidigt die Sache des Waisen und der Witwe und liebt den Fremden und gibt ihm Nahrung und Kleidung. Deuteronomium 10:18

- „Verflucht *sei*, wer das Recht des Fremden, des Waisen und der Witwe missachtet. Und das ganze Volk soll sagen: Amen." - Deuteronomium 27:19

  „Ihre Häupter richten um Lohn, und ihre Priester lehren um Lohn, und ihre Propheten weissagen um Geld; aber sie werden sich auf

den HERRN stützen und sagen: Ist der HERR nicht unter uns, so kann uns kein Unglück treffen? [12]Darum wird Zion um deinetwillen gepflügt werden wie ein Acker, und Jerusalem wird zu einem Haufen werden, und der Berg des Hauses wird sein wie die Höhen des Waldes. " — **Micha 3:11-12**

Doch einige Priester praktizierten Erpressung, verübten Raub, misshandelten die Witwen, verfolgten die Verarmten, unterdrückten Fremde, verweigerten die Gerechtigkeit und logen über Visionen und Weissagungen. Gottes Gebote richten sich gegen diejenigen, die die weniger Privilegierten in der Gesellschaft schlecht behandeln. Der Prophet Micha warnte vor Gottes Gericht über Jerusalem, weil die Führer und Priester das Volk misshandelten.

Ungöttliche Allianzen und Hilfe

Gott befahl den Israeliten ausdrücklich, keinen Bund mit den Menschen in Kanaan zu schließen, sondern sie vollständig zu vertreiben. Gott wusste, dass die bösen Praktiken der Bewohner sein Volk zerstören würden, wenn sie blieben.

Da sagte der Herr: „Ich schließe einen Bund mit dir. Ich werde vor deinem ganzen Volk Wunder tun, die noch nie zuvor in einem Volk auf der ganzen Welt geschehen sind. Die Menschen, unter denen du lebst, werden sehen, wie großartig das Werk ist, das ich, der Herr, an dir tun werde. Gehorcht, was ich euch heute befehle. Ich werde die Amoriter, Kanaaniter, Hetiter, Perisiter, Hiwiter und Jebusiter vor dir vertreiben. Hütet euch davor, mit denen, die in dem Land

wohnen, in das ihr zieht, einen Vertrag zu schließen, sonst werden
*sie euch zum Fallstrick. — **Exodus 34:10-12***

Juda hatte nur einen Bund mit Gott. Doch sie brachen den Bund, als sie Hilfe und Schutz außerhalb Gottes suchten.

> *Da nahmen die Männer Israels etwas von ihren Vorräten, aber sie*
> *fragten den Herrn nicht um Rat. Da schloss Josua Frieden mit ihnen*
> *und verpflichtete sich, sie am Leben zu lassen, und die Obersten der*
> *Gemeinde schworen es ihnen. - **Josua 9: 14-15***

Gott verteidigte Israel, als es ihn anrief, aber einige Könige schlossen unheilige Bündnisse und suchten Hilfe bei Ägypten, Damaskus und anderen Nachbarstaaten - ein Verstoß gegen Gottes Wort, der Konsequenzen hatte. Wir dürfen in schwierigen Zeiten keine gottlose Hilfe suchen, denn das führt zur Niederlage. Es verstößt gegen Gottes Bedingungen und zieht seinen Zorn auf sich (Jesaja 31:1-9).

Schändung des Sabbats

Gott befahl den Israeliten, den Sabbat zu heiligen. Sie sollten sechs Tage lang arbeiten und am siebten Tag ruhen. Ebenso sollte das Land im siebten Jahr ohne Bewirtschaftung ruhen. Er segnete sie, wenn sie den Sabbat einhielten. Später weigerten sich sowohl Israel als auch Juda, den Sabbat zu halten. Schließlich schickte Gott Juda in die Gefangenschaft, damit das Land seinen Sabbat halten konnte.

> *„Wenn ihr aber nicht auf mich hört, den Sabbat zu heiligen und*
> *keine Last zu tragen und am Sabbat durch die Tore Jerusalems zu*
> *gehen, so will ich ein Feuer in seinen Toren anzünden, das die*

Paläste Jerusalems verzehren soll und nicht gelöscht werden kann." — Jeremia 17:27

Doch das Haus Israel lehnte sich in der Wüste gegen Mich auf; sie wandelten nicht in Meinen Geboten und verachteten Meine Rechte, nach denen man leben soll, wenn man sie tut; und sie entweihten Meine Sabbate. Da sagte ich, ich würde meinen Zorn über sie in der Wüste ausschütten, um sie zu vernichten." — Hesekiel 20:13

„[19] Und sie verbrannten das Haus Gottes und rissen die Mauer Jerusalems nieder und verbrannten alle ihre Paläste mit Feuer und zerstörten alle ihre kostbaren Geräte. [20]Und die, die dem Schwert entronnen waren, führte er weg nach Babel, wo sie ihm und seinen Söhnen dienten bis zur Herrschaft des Königreichs Persien:[21] um das Wort des HERRN durch den Mund Jeremias zu erfüllen, bis das Land seine Sabbate genossen hatte; denn solange es wüst lag, hielt es den Sabbat, bis zur Vollendung von sechzig und zehn Jahren." — 2. Chronik 36:19-21

Erpressung

Gott verbot Erpressung und übermäßigen Wucher, um die Ausbeutung eines armen Israeliten zu verhindern, da Zahlungsunfähigkeit in Israel zu Sklaverei führte. Ein Wucherer macht sich schuldig, wenn er sich durch Streit, Habgier und Unterdrückung von einem anderen etwas aneignet, das ihm nicht rechtmäßig gehört. Der Prophet Micha warnte davor, dass Jerusalem verwüstet werden würde, weil die Priester und Richter Erpressung praktizierten.

„Ihre Häupter richten um Lohn, und ihre Priester lehren um Lohn, und ihre Propheten weissagen um Geld; aber sie werden sich auf den HERRN stützen und sagen: Ist der HERR nicht unter uns, so kann uns nichts Böses widerfahren. [12]Darum wird Zion um deinetwillen gepflügt werden wie ein Acker, und Jerusalem wird zu einem Haufen werden und der Berg des Hauses wie die Höhen des Waldes." — **Mi. 3:11-12**

Außerdem besaß Naboth einen Weinberg in der Nähe des Palastes von König Ahab in der Stadt Jesreel. Obwohl Ahab den Weinberg für seinen Gemüsegarten erwerben wollte, weigerte sich Naboth, ihn an Ahab zu verkaufen, da er das Land von seinen Vorfahren geerbt hatte. Isebel war über diese Entscheidung Naboths verärgert und schmiedete einen Komplott mit den Bewohnern von Naboths Stadt. Sie beschuldigten Naboth, Gott zu verleumden und den König zu entehren. Deshalb steinigten sie ihn und sagten Isebel, er sei tot. Sie schickte eine Botschaft an Ahab, um ihm die Nachricht mitzuteilen. Daraufhin ging Ahab zu Naboths Weinberg, um ihn zu erobern. Als Warnung vor Erpressung besuchte Elia Ahab und prophezeite seinen Tod und die Ausrottung der Nachkommen Ahabs, ob gebunden oder frei. Er prophezeite auch den Tod von Isebel. Doch Ahab demütigte sich auf Elias Worte hin, und Gott verschonte den König.

Hindernisse für die Fürbitte im Neuen Testament

Jesus Christus, der ultimative Fürsprecher, erfüllte im Gegensatz zum levitischen Priestertum alle göttlichen Anforderungen, um der ewige Hohepriester zu sein. Jesus befolgte Gottes Gebote in vollem Umfang und zeigte göttliche Eigenschaften wie Liebe, Frieden, Barmherzigkeit, Geduld und Gehorsam in seinem Dienst als Fürsprecher. Er vergab Sündern, heilte, befreite die Unterdrückten und vollbrachte seine letzte Fürsprache am Kreuz gegen den Widerstand seines Volkes. Jesus gab Gnade und behandelte andere mit Respekt und Güte. Er ließ Beleidigungen los und verließ sich auf Gottes Liebe. Obwohl Jesus ganz Gott und Mensch war, hat er nie gesündigt. Er unterwarf sich dem Willen Gottes zur Rettung der Menschheit. Die heidnischen Machthaber befanden ihn während seines Prozesses für unschuldig und bestätigten damit seine Göttlichkeit.

Alle wahren Gläubigen sind jetzt Priester für Gott, die die Gerechtigkeit Jesu mit völliger Hingabe und in Furcht vor dem Herrn auf sich nehmen. Jesus hat einen Weg für alle Gläubigen geschaffen und uns gelehrt, wie wir zum Vater beten können. Die Gläubigen sind Gottes Tempel, ausgestattet mit dem Heiligen Geist, um ein diszipliniertes und heiliges Leben zu führen, frei von der Macht der Sünde. Jesus hat uns gezeigt, wie wir Gott perfekt anbeten können. Er sagte den samaritanischen Frauen, dass Gott Menschen sucht, die ihn im Geist und in der Wahrheit anbeten, und nicht auf dem Berg Sinai oder in Jerusalem (Johannes 4).

> „[7] Wenn ihr in mir bleibt und meine Worte in euch bleiben, so werdet ihr bitten, was ihr wollt, und es wird euch widerfahren. [8]Darin wird mein Vater verherrlicht, dass ihr viel Frucht bringt; so werdet ihr meine Jünger sein." — **Johannes 15:7-8**

Verderbte Haltungen wirken sich negativ auf unsere Gottesdienste aus, und Gebete werden unwirksam. Wenn wir jedoch unsere Sünden mit reuigem Herzen anerkennen und bekennen, macht Gott uns frei. Jesus sagte, dass Ungehorsam gegenüber seinem Wort unsere Gebete behindern würde.

Schritte zur Beseitigung von Hindernissen, vor denen Jesus gewarnt hat:

1. Ungehorsam

Jesus sagte, dass unsere Gebete erhört werden, wenn wir seinem Wort gehorchen (Johannes 15). Ungehorsam schreckt unsere Gebete immer ab, während der Gehorsam gegenüber Gottes Wort es uns ermöglicht, uns ihm nach seinem Willen zu nähern.

> *„⁶Wenn jemand nicht in mir bleibt, wird er wie eine Rebe weggeworfen und verdorrt; und die Menschen sammeln sie und werfen sie ins Feuer, und sie werden verbrannt. Wenn ihr aber in mir bleibt und meine Worte in euch bleiben, so werdet ihr bitten, was ihr wollt, und es wird euch widerfahren."* — **Johannes 15:6-7**

Wir ehren Gott, wenn wir seinen Geboten gehorchen, und er ehrt uns, indem er unsere Gebete erhört. Ungehorsam entehrt Gott, und das beeinträchtigt unsere Gebete. Er missbilligt es, wenn wir gegen diese Gesetze verstoßen, und bestraft diejenigen, die dies tun. Die Heilige Schrift verlangt, dass wir die Autorität und den Willen Gottes akzeptieren. Deshalb ist Ungehorsam eine Sünde der Rebellion, der Weigerung, sich der Autorität eines Höhergestellten zu unterstellen, und des Misstrauens gegenüber Gott. Unsere enge Beziehung zu Gott gibt uns persönliche Anweisungen, die mit seinem Wort übereinstimmen. Wenn wir jedoch Entscheidungen treffen, die er missbilligt, sind wir ihm ungehorsam und verursachen einen Riss in unserer Beziehung zu ihm. Wir werden am Beten gehindert, wenn wir Gottes Wort vorsätzlich ablehnen und uns weigern, den Heiligen Geist zu empfangen. Rebellion wird von Gott als Hexerei betrachtet. Der Heilige Geist ist über die Rebellion betrübt, so dass er zu unserem Feind wird und beginnt, uns zu bekämpfen. Ungehorsam wird unsere Gebete immer behindern, während der Gehorsam gegenüber Gottes Wort es uns ermöglicht, uns mit Bitten nach seinem Willen an ihn zu wenden. Wenn wir Gott nicht gehorchen, können wir nicht um Antworten gegen seinen Willen bitten. Manchmal werden unsere Gebete nicht erhört, aber Gott hat bessere Pläne für uns. Er weiß, was in unseren Herzen ist und was das Beste für das zukünftige Leben eines Menschen ist (1. Johannes 3:21-24).

2. Fliehe den Götzendienst - Du sollst keine anderen Götter haben vor mir

Gott hasst und duldet keinen Götzendienst, weil er seine Herrlichkeit nicht mit irgendjemandem oder irgendetwas teilen möchte. Die Anbetung oder Wertschätzung von irgendetwas oder irgendjemandem über Gott ist Götzendienst. Jesus sagte, dass niemand zwei Herren aufrichtig anbeten kann, indem er Gott und Geld zitiert.

Jesus sagte: „Niemand kann zwei Herren dienen; denn entweder wird er den einen hassen und den anderen lieben, oder er wird an dem einen festhalten und den anderen verachten. Ihr könnt nicht Gott dienen und dem Mammon." **- Matthäus 6:24**

Das Neue Testament warnt davor, dass es gegen Gottes Gebote verstößt, wenn wir uns selbst, unsere Familien, Positionen, Besitztümer oder Talente über Gott stellen. In ähnlicher Weise ersetzt die Liebe zum Geld die Liebe zu Gott. Jesus forderte den reichen jungen Herrscher auf, sein gesamtes

Vermögen zu verkaufen und den Erlös den Armen zu geben und dann sein Jünger zu werden, aber er ging traurig weg, weil er sehr reich war. Er zog seinen Reichtum der Errettung vor. Jesus sagte, dass es für diejenigen, die auf Reichtum vertrauen, schwierig ist, in das Reich Gottes zu kommen (Markus 10:17:27).

> *„Wer Vater oder Mutter mehr liebt als mich, der ist meiner nicht wert; und wer Sohn oder Tochter mehr liebt als mich, der ist meiner nicht wert." — **Matthäus 10:37***

Alles, was wir mehr begehren als Gott, führt zu Götzendienst, da es die Liebe Gottes in unseren Herzen ersetzt. Ungöttliche kirchliche Lehren und die Heldenverehrung religiöser Führer führen zu Götzendienst. Anstatt dass der Heilige Geist uns führt, werden unsere gottlosen Wünsche zu unserer Leidenschaft, weil Gottes Liebe in unseren Herzen durch etwas anderes ersetzt wurde. Die echte Anbetung Gottes ist exklusiv. Um also die Götter des Reichtums und die Traditionen der Menschen zu vermeiden, müssen wir Gott von ganzem Herzen lieben und ihn in allem, was wir tun, an die erste Stelle setzen.

3. Mangelnde Kenntnis des Wortes Gottes

Gott erhört Gebete nach seinem Willen, und nur sein Wort offenbart seinen Willen. Wenn wir also das Wort nicht kennen, können wir seinen Willen nicht erkennen, und unsere Gebete werden wirkungslos sein. Der Dienst Jesu war erfolgreich, weil er auf der Grundlage von Gottes Gebot nach seinem Willen Fürsprache hielt.

Deshalb müssen wir Fürbitter das Wort studieren, damit wir nach seinem Willen beten können. Als Satan Jesus in Versuchung führte, benutzte er das Wort, um seine bösen Pläne zu vereiteln. Beachten Sie, dass Satan das Wort sogar zitierte, um Jesus zu verwirren. Wenn wir also das Wort nicht kennen, kann der Teufel uns täuschen, und wir können gegen seinen Willen beten. Es gab und gibt alle möglichen Wellen und Lehren, die im Widerspruch zum Wort stehen. Der Heilige Geist hilft uns, Gottes Wort zu verstehen, indem er uns göttliche Wahrheiten offenbart.

> *„ [15] Bemühe dich, dich vor Gott zu bewähren, als einen Arbeiter, der sich nicht schämen muss, der das Wort der Wahrheit recht teilt."* — ***2 Timotheus 2:15***

> *„ [14] dass wir hinfort nicht mehr Kinder sind, hin und her geworfen und umhergetrieben von jedem Wind der Lehre, durch die List der Menschen und die Schlauheit, mit der sie auf der Lauer liegen, um zu verführen;"* — ***Epheser 4:14***

Wenn wir das Wort Gottes nicht kennen, werden wir durch Lehren getäuscht. Paulus zum Beispiel verfolgte die Kirche und dachte, er diene Gott, weil er nichts von der Erlösung wusste, die Jesus den Menschen gebracht hat. Er folgte den Pharisäern und hielt sich an das Gesetz des Mose. Wir müssen über sein Wort meditieren, damit wir richtig beten können. Gott richtig zu hören, führt zu Gehorsam und wirksamen Gebeten (Johannes 5,19).

4. Unglaube

Der Glaube an die Liebe Gottes, der unsere Gebete erhört, ist der Schlüssel zu wirksamen Gebeten. Gott verlangt von uns, dass wir an seine Güte durch Jesus glauben. Deshalb wird Unglaube dazu führen, dass unsere Gebete nicht erhört werden. Die Nazarener glaubten nicht an Jesus, deshalb konnten sie viele Wunder Jesu nicht erleben (Markus 6:1-6). Jesus sagte seinen Jüngern, dass sie den stummen Jungen wegen ihres Unglaubens nicht befreien konnten.

> *„ [19] Da traten die Jünger zu Jesus und sprachen: Warum konnten wir ihn nicht austreiben? [20] Jesus aber sprach zu ihnen: Wegen eures Unglaubens; denn wahrlich, ich sage euch: Wenn ihr Glauben habt wie ein Senfkorn, so werdet ihr zu diesem Berg sagen: Zieh weg an jenen Ort, und er wird wegziehen, und nichts wird euch unmöglich sein. “ — **Matthäus 17:19-20***

Wir können unseren Glauben nur stärken, wenn wir das Wort Gottes lesen und darüber nachdenken (Römer 10,17). Die Annahme von Gottes Wort in Christus muss bedingungslos sein. Jesus war erstaunt über den Unglauben einiger Menschen, die er lehrte, darunter auch einige jüdische Führer. Er war auch begeistert von dem, was er von einem Hauptmann hörte, der Heilung suchte und zu ihm sprach: „Herr, ich bin nicht würdig, dass du unter mein Dach kommst; sondern sprich nur ein Wort, so wird mein Knecht gesund" (Matthäus 8,8-10). Jesus war jedoch erstaunt über den Unglauben einiger Menschen, als er in den Dörfern lehrte. Er warnte, dass einige jüdische Führer nicht in das Reich Gottes eingehen würden, da sie im

Unglauben resigniert hätten. Wir müssen den Unglauben durch das tägliche Lesen von Gottes Wort überwinden. Ohne Glauben ist das Gebet machtlos. Aber Jesus sagte, dass wir mit dem Glauben unüberwindbare Situationen bewältigen können. Es gibt nichts, was man nicht bewältigen könnte. Jakobus sagte auch, wenn wir zögern, können wir nichts von Gott empfangen.

Gott entehren

In der Bibel wird die Ehrfurcht als eine Ehre und ein inhärenter Respekt betrachtet. Leider wird das Gebet oft behindert, wenn wir den Vater, zu dem wir beten, den Heiligen Geist oder den Sohn, durch den wir beten, nicht respektieren. Ungereimtheiten in unserem Leben können diese Missachtung hervorrufen. Es überrascht nicht, dass Gottes Kinder Schwierigkeiten beim Beten haben, wenn sie seinem Willen nicht gehorchen.

Der Wunsch zu beten wird behindert. Um dein Herz zu entschleiern, musst du an deinen himmlischen Vater glauben. Wenn es dir an Liebe, Glauben und Ehrfurcht vor Gott mangelt, du ihm gegenüber kaltherzig bist und keinen Glauben an das große, willige Herz hast, das darauf wartet, dich zu segnen, können sie deine Gebete ersticken. Wenn ein Mensch in Gemeinschaft mit dem allmächtigen Vater steht und die Worte „Abba, Vater" Teil der Sprache werden, wird er die Gunst Gottes erlangen, wenn er mit Vertrauen zu jemandem bittet, dem er bedingungslos vertraut und dessen Willen er schätzt. Das Gebet leidet am meisten, wenn der Mensch nicht im Frieden mit Gott ist.

Wenn wir ohne Jesus, durch den wir beten, selbstgerecht sind, wenn wir unsere Interessen verfolgen, ohne an die Liebe des Vaters zu denken, und wenn wir den Pharisäern in ihrer Selbstgefälligkeit folgen, werden unsere Gebete behindert werden. Diejenigen, die Seinem Beispiel nicht folgen, Seinen liebenden Geist nicht teilen und Ihn erneut kreuzigen und offener Schande aussetzen, werden in ihren Gebeten behindert werden. Man kann nicht vor Gericht plädieren, wenn man sich mit einem Fürsprecher gestritten hat. Eure Gebete sind bedeutungslos, wenn der letzte Fürsprecher sie nicht in eurem Namen vorbringt.

Das Gleiche gilt für den Heiligen Geist. Der Geist schreibt das Gebet zuerst in unser Herz, bevor Gott es annimmt. Im Gebet geht es nicht so sehr um uns, sondern darum, dass Gott durch den Geist für uns eintritt. Wenn wir den Geist betrüben, können wir nicht beten. Wenn wir mit dem Geist beten, können wir nicht gegen das beten, was Gottes Wort sagt. Wir tun dies, weil unsere Bitten gegen die liebende Natur des Geistes gerichtet sind. Der göttliche Tröster muss in Ihrem Denken an erster Stelle stehen. Wenn er nicht im Vordergrund deines Denkens steht, wird er für dich sprachlos klingen. Er wird dir nicht beim Beten helfen, wenn du dich ihm in anderen Bereichen deines Lebens nicht hingibst.

> *Da sagte der Herr: „Denn dieses Volk nähert sich mir mit seinen Worten und ehrt mich mit seinem Lippenbekenntnis, aber ihr Herz ist weit von mir entfernt, und ihre Ehrfurcht vor mir besteht in einer von Menschen erlernten Tradition." — **Jesaja 29:11**

Wir dürfen also nicht mit der Annäherung an den Gnadenstuhl herumspielen oder uns in den Dienst der Sünde stellen. „Ihr bittet und empfangt nicht, weil ihr falsch bittet, damit ihr es mit euren Begierden verzehrt." Ohne unsere Mitarbeit kann Er nicht in Harmonie mit uns wandeln. In Schwierigkeiten fordert die Heilige Schrift die Christen auf, den richtigen Weg einzuschlagen und das Richtige zu tun. Wir müssen das tapfer ertragen und dann zu Gott beten: „Herr, durch Deine Gnade habe ich den geraden und ehrlichen Weg gewählt, hilf mir jetzt", und er wird es tun. Als Christen bete ich, dass Gott uns die Gnade schenkt, mit ihm in Kraft zu gehen. Wir sollen uns nur auf Jesus stützen, und er möge uns befähigen zu beten.

Gottes Kinder, die es verstehen, mächtig zu beten, können eins sein mit Gottes Herz und sind Gottes Hände, die unter ihnen wirken. Gott ist in ihnen gegenwärtig. Der Herr ist jedoch eifersüchtig auf diejenigen, die ihn am meisten lieben; deshalb muss er vorsichtig sein und Wache halten. Wenn ihr demütig lebt und euch Gott in Demut nähert, werden eure Gebete nicht behindert.

8. Unbekenntnis der Sünde

Gott ist heilig, und er kann keine Sünde sehen. Uneingestandene Sünde betrübt den Heiligen Geist und behindert unsere Gebete. Der barmherzige Gott weiß, dass wir fehlbar sind, und deshalb hat er dafür gesorgt, dass wir Buße tun können, wenn wir sündigen. Jesus hat für unsere Sünden bezahlt, und deshalb wird Gott uns vergeben, wenn wir ihm unsere Sünden bekennen. Deshalb müssen wir schnell umkehren und um Vergebung bitten, wenn wir straucheln. Nur wahre Reue kann unsere Gemeinschaft mit Gott wiederherstellen. Wenn wir unserem himmlischen Vater unsere Sünden im Gebet bekennen, vergibt er uns und reinigt uns, damit unsere Gemeinschaft mit ihm nicht beeinträchtigt wird. Jesus forderte die Gemeinde in Ephesus auf, für ihre Fehler Buße zu tun, sonst würde er ihren Leuchter entfernen (Offenbarung 2,5).

*„¹⁴Denn wenn ihr den Menschen ihre Schuld vergebt, so wird euch auch euer himmlischer Vater vergeben: Wenn ihr aber den Menschen ihre Verfehlungen nicht vergebt, so wird euch euer Vater eure Verfehlungen auch nicht vergeben.“ - **Matthäus 6:14-15**

Außerdem sagte Jesus, wenn wir anderen nicht ihre Sünden vergeben, wird Gott uns nicht vergeben. Unser Gebet ist fruchtlos, wenn wir anderen nicht vergeben. Jesus vergab allen, die ihm Unrecht taten. Wir müssen uns entscheiden, anderen zu vergeben und keinen Groll in unserem Herzen zu hegen, so wie Gott uns vergeben hat. Lassen Sie nicht zu, dass Satan Sie in der Knechtschaft der Bitterkeit und des Grolls hält. Vergeben Sie anderen, egal wie sie auf Sie reagieren.

Ihr gottgefälliges Beispiel macht anderen die Gnade und Barmherzigkeit Gottes bewusst. Wenn du anderen vergibst, befreist du dich von Verletzungen und verschließt dem Feind die Türen in deinem Leben. Unser Gebet ist fruchtlos, wenn wir anderen nicht vergeben. Wir öffnen geistliche Türen und erlauben Dämonen, uns zu belästigen. Geistige Verunreinigung bringt Zerstörung. Sie zieht auch Gottes Strafe und Verwüstung an.

Unverzeihlichkeit

Unverzeihlichkeit betrübt Gott und verhindert die Erhörung von Gebeten. Wenn jemand Sie verletzt oder betrügt, Ihr Vertrauen bricht oder starken emotionalen Schmerz verursacht, können Sie diese Person nicht loslassen. Das ist eine Sünde, die Bitterkeit hervorruft und unser Leben ruiniert. Wenn wir unserem himmlischen Vater unsere Sünden im Gebet bekennen, vergibt er uns und reinigt uns, damit unsere Gemeinschaft mit ihm nicht beeinträchtigt wird. Unser Gebet ist fruchtlos, wenn wir anderen nicht vergeben.

Die Notwendigkeit der Errettung ist eine glorreiche Transaktion, bei der alle unsere Sünden auf Jesus gelegt werden. Es ist eine Täuschung nach der Errettung und nicht die Wahrheit zu sagen, dass wir keine Sünde haben (1. Johannes 1,8). Jesus hasst die Sünde in uns immer noch. Wenn unsere Sünde weder vergeben noch täglich gereinigt wird, ist unser Flehen blockiert, da wir heilig sein müssen, um uns Gott zu nähern. Wenn wir den Heiligen Geist betrüben, wird unser Zeugnis befleckt. Jesus hat vor der Unversöhnlichkeit gewarnt, damit wir täglich durch die Erneuerung der Gemeinschaft und die Fülle des Heiligen Geistes gereinigt werden können. Wir können also nicht ohne das Bekenntnis der Sünde leben.

Wir leben in einer Welt des Schmutzes, deshalb ist das tägliche Bekenntnis der Unreinheit notwendig, um als Kinder Gottes ganz zu werden. Doch Unversöhnlichkeit verhindert, dass unsere Gebete erhört werden. Eine schreckliche Sünde ist es, sich zu weigern, anderen zu vergeben, Groll zu hegen oder Hass gegen andere zu hegen (Matthäus 6,14-15; 18,21-35). Außerdem führt Vergebung ohne Glauben dazu, dass wir die Gemeinschaft mit Gott verlieren und die Beziehungen zu den Menschen zerbrechen. Wir müssen uns demütigen, um anderen zu vergeben (1. Petrus 3,7). Wenn man seine Frau nicht mit Liebe und Fürsorge behandelt, wird das fürbittende Gebet behindert. Dasselbe gilt für Ehefrauen, die ihre Ehemänner nicht ehren. Die einzige Möglichkeit, unsere Sünden zu überwinden, besteht darin, sie Gott zu bekennen. Gott hat kein Gefallen an denen, die hartnäckig an ihren Verfehlungen festhalten. Hindernisse für das Gebet können von zerrütteten Beziehungen zwischen Eltern, Ehemännern, Ehefrauen und Kindern in der Familie ausgehen (Eph. 4:3).

Außerdem warnt Jesus Petrus, die anderen Jünger und die Gläubigen davor, anderen nicht zu vergeben (Matthäus 18). Er fügte hinzu, dass Gott seine Kinder in die Hände von Peinigern geben wird. Er wird sie mit behinderten Gebeten im Elend leiden lassen und sie den Qualen der Seele aussetzen. Verbitterte Gläubige haben mit ihrem Leben Schiffbruch erlitten und sind von schrecklichen Konsequenzen bedroht. Die Vergebung muss aus unserem Herzen kommen, so wie Jesus den Menschen vergab und für sie betete, die ihn kreuzigten und verspotteten, während er starb, und dennoch betete er: „Vater, vergib ihnen; denn sie wissen nicht, was sie tun." Die Bibel warnt: „Wenn ihr aber nicht vergebt, wird auch euer Vater im Himmel euch eure Schuld nicht vergeben" (Markus 11,25-26). Wir sollen vergeben und Frieden schließen, wie Jesus es mit reinem Herzen tat.

Unvergebung im Herzen ist die Mauer der Sünden vor Gott, und das Gebet kann nicht durchkommen, solange wir anderen nicht vergeben. Durchsuchen Sie also täglich vor Sonnenuntergang Ihr Herz, um jeden Groll der Unversöhnlichkeit zu beurteilen und Gott zu bekennen und zu bereuen. Gott wird ihn herausnehmen und reinigen, damit ihm vergeben werden kann. Befreien Sie andere von der Schuld, um den Keil zwischen der anderen Person und Gott und uns zu entfernen.

Schließlich ist Unversöhnlichkeit eine Rebellion, die andere Menschen nicht freilässt, die quält und zerstört, die zu Festungen und Zielen für den

Feind werden kann, um unser Leben zu zerstören. Die Herausforderung besteht also darin, unser Leben auf Bitterkeit zu untersuchen, zu vergeben, zu beten und Gott zu bitten, uns vergangene Verletzungen und Ablehnung durch andere zu offenbaren und ihn zu bitten, uns davon zu befreien.

Die Fürbitter müssen sich entscheiden, anderen zu vergeben, so wie Gott ihnen vergeben hat, und Beleidigungen mit Vergebung zu begegnen, anstatt Groll im Herzen zu hegen. Bieten Sie den Beleidigern Vergebung an und überlassen Sie den Rest Gott, denn vergangene Verletzungen werden dem Blick des Herrn nie entgehen. Lassen Sie nicht zu, dass Satan Sie in der Knechtschaft der Unversöhnlichkeit hält. Vergeben Sie stattdessen anderen, unabhängig von ihrer Reaktion auf Sie.

Ungöttliches Familienleben

Gott formte Mann und Frau und schenkte ihnen eine Familie, um die Welt zu segnen. Er segnet sie auch mit ihrer Nachkommenschaft. Er befiehlt den Ehemännern, ihre Frauen zu lieben und zu ehren, wie Christus die Kirche geliebt hat und für sie gestorben ist. Als das kostbare schwächere Gefäß und die zarte Gabe müssen die Männer ihre Frauen zutiefst kennen und mit ihnen leben, indem sie ihre Ehefrauen verstehen. Ein Ehemann sollte seiner Frau ein Vorbild sein und ihre Kinder in gottgefälliger Weise erziehen.

Er befiehlt auch den Frauen, sich ihren Männern unterzuordnen, wie die Kirche Christus. Jesus warnte davor, dass die Scheidung niemals Teil von Gottes Plan für die Ehe sei. Maria war voller Glauben, Demut und Hingabe. Rut hatte eine Haltung der Demut. Elisabeth war erfüllt vom Heiligen Geist. Priscilla war gastfreundlich und half anderen leidenschaftlich gern. Den Kindern wird auch befohlen, ihren Eltern im Herrn zu gehorchen, mit der

Verheißung von Wohlstand und langem Leben auf Erden Ein gottloses Familienleben verstößt jedoch gegen die Anweisungen Christi für das häusliche Leben und behindert das Gebet. Disharmonie im Haushalt betrübt Gott. Daher müssen sich auch die Eheleute einander in Ehre unterordnen, so wie die Ehemänner ihre Frauen führen.

Wenn der Ehemann seine Pflichten gegenüber dem schwächeren Partner vernachlässigt und es ihm an Unterstützung, Mitgefühl und Verständnis für seine Frau mangelt, verstößt er gegen die Gesetze Gottes. Ein solch nachlässiger Ehemann, Priester und Fürsprecher des Hauses wird seine Gebete nicht erhört finden. Ebenso kann die mangelnde Ehre der Ehefrau Gebete behindern. Ehemänner und Familienoberhäupter sollten es vermeiden, ihre Führungsrolle durch unzureichende Rationalisierungen zu gefährden. Ehemänner und Ehefrauen müssen sich schnell versöhnen, denn Gott mag keinen Streit. So müssen wir Kindern, die sich gegen ihre Eltern auflehnen, raten, denn die Rebellion wendet das Angesicht Gottes ab (Matthäus 5,23).

> *„Ebenso sollt ihr, ihr Männer, bei ihnen wohnen nach der Erkenntnis, indem ihr die Frau ehrt als das schwächere Gefäß und als Miterben der Gnade des Lebens, damit eure Gebete nicht behindert werden."* — *1 Petrus 3:7*

Der Helfer mag jedoch als derjenige erscheinen, der sie trägt. Aber wenn es eine Krise gibt, ist es der Mann, der helfen muss, sonst wird dein Segen gestohlen. Männer müssen ihrer Verantwortung als Chefs ihrer Häuser gerecht werden. Sie sind am effektivsten, wenn sie an ihre Grenzen stoßen.

Dennoch behalten sie eine ständige und liebevolle Präsenz in ihrem Leben, indem sie ihre Frau unterstützen und ihre Kinder angemessen überwachen und disziplinieren (Sprüche 31:10-12). Männer sollten vor anderen ein rechtschaffenes Verhalten an den Tag legen. Wenn du Gott deine Freude überlässt, wird er dir geben, was du willst (Psalm 37:4). Man darf auch nicht vorgeben, etwas zu sein, was man nicht ist. Wir müssen auf der Grundlage dessen handeln, was wir glauben. Fürbitter müssen gute Verwalter des geistlichen, emotionalen und körperlichen Wohlergehens ihrer Familie sein, einschließlich der Kinder, die Gott ihnen anvertraut hat. Die Kinder der Priester dürfen keine Unreinheit begehen.

Wenn Sie Ihre Familie nicht täglich im Wort führen, werden Sie keine guten Früchte, sondern Dornen hervorbringen. Wenn jemand das Wort hört, aber nicht danach handelt, ist er wie ein Mann, der sich im Spiegel betrachtet. Denn wenn er das getan hat und gegangen ist, vergisst er sofort, wer er ist. Doch wenn wir dem vollkommenen Gesetz, dem Gesetz der Freiheit, folgen, werden wir gesegnet, weil wir nicht vergessen, was wir gehört haben, sondern nach dem Gesetz handeln. Wir müssen auf der Grundlage dessen handeln, was wir glauben. Die Familienmitglieder mit Fürsorgepflichten müssen gute Verwalter des geistlichen, emotionalen und körperlichen Wohlergehens ihrer Familie sein, einschließlich der Kinder, die Gott ihrer Obhut anvertraut hat. Die Kinder der Priester dürfen sich nicht an Unreinheiten beteiligen.

Straftaten

Beleidigungen treten auf, wenn wir wegen des Wortes Gottes Verfolgung und Prüfungen ausgesetzt sind, was zu Unfruchtbarkeit führt (Markus 4,17).

172

Johannes der Täufer zum Beispiel war beleidigt und stellte Jesus in Frage, nachdem Herodes ihn ins Gefängnis geworfen hatte. Jesus warnte, dass Bedrängnisse kommen würden, aber wir sollten nicht beleidigt sein. Jesus war nie verärgert oder nachtragend wegen einer empfundenen Beleidigung, Verletzung oder Missachtung seiner Normen oder Prinzipien.

Die Menschen um ihn herum konnten ihn nicht kränken, aber er konzentrierte sich darauf, was Gott über ihn dachte. Er sah über Fehler hinweg und hatte Mitleid mit den Menschen. Er litt, als er das Evangelium verkündete. Er sah über Fehler hinweg und konzentrierte sich auf seine Mission auf der Erde. Jesus tat in Galiläa nicht viele Wunder, weil die Menschen beleidigt waren und sich fragten, woher Jesus seine Autorität nahm, da sie seine Eltern kannten (Matthäus 13:54-58). Als die Römer Jesus verhafteten, wurden viele Jünger beleidigt und flohen vor ihm. Im Gleichnis vom Sämann lehrte Jesus, dass Beleidigung aufgrund von Verfolgung uns im Reich Gottes unfruchtbar machen wird. Fürbitter müssen ein ruhiges Herz kultivieren und bewahren, um Beleidigungen zu überwinden.

> *„Und doch hat er nicht Wurzel in sich selbst, sondern währt eine Zeitlang; denn wenn Trübsal oder Verfolgung um des Wortes willen entsteht, so wird er von Zeit zu Zeit beleidigt."* — **Matthäus 13:21**

Leider hat die Beleidigung die Oberhand gewonnen und sich in der Gesellschaft breit gemacht. Als bewusste, reife Erwachsene dürfen unsere Herzen nicht leicht beleidigt sein. Unsere Liebe zu uns selbst sollte nicht wichtiger sein als unsere Liebe zu anderen. Fürbitter müssen ein unerschütterliches Herz kultivieren und bewahren, um viele der Täuschungen des Feindes zu vermeiden. Um unseren göttlichen Auftrag zu erfüllen, müssen wir zur Einheit des Glaubens mit Demut und Versöhnung. Die Liebe ist nicht empfindlich und lässt sich nicht leicht durch Zorn provozieren. Wir müssen also nicht schnell streiten und uns verteidigen, schnell wütend werden, leicht verletzt werden und nachtragend sein. Außerdem ist es herrlich, eine Beleidigung zu übersehen (Spr 19,11; 1. Kor 13,5-6).

> *„³ Gebt Acht auf euch selbst: Wenn dein Bruder sich an dir versündigt, so weise ihn zurecht; und wenn er es bereut, so vergib ihm. ⁴ Und wenn er sich siebenmal an einem Tag an dir versündigt und siebenmal an einem Tag zu dir umkehrt und sagt: Ich bereue es, so sollst du ihm vergeben.“ - Lukas 17,3-4*

Erpressung

Jesus hat niemals durch Täuschung, Gewalt, Betrug, Fälschung, Einschüchterung, Bedrohung oder Unterdrückung gehandelt oder sich das Geld oder den Besitz eines anderen angeeignet. Er hat die Armen, die Unwissenden, die Unschuldigen, die Ahnungslosen und manchmal sogar Familienangehörige und Freunde nicht ausgenutzt, um mehr und mehr zu bekommen. Jesus verurteilt uns als schuldig, uns gegenseitig auszubeuten, und verbietet alle Arten von Diebstahl und Betrug. Erpressung war zu seiner Zeit weit verbreitet, wie bei Zachäus. Jesus warnte und sagte,

> *„Wehe euch, Schriftgelehrte und Pharisäer, ihr Heuchler! Ihr macht den Becher und den Teller außen rein, aber innen sind sie voller Wucher und Ausschweifung.“ — Matthäus 23:25*

Simon von Samaria bot Petrus Geld für die Gabe des Heiligen Geistes an, aber Petrus warnte ihn, dass die Gabe des Heiligen Geistes nicht käuflich sei. Petrus forderte Simon außerdem auf, diese böse Absicht zu bereuen, damit Gott ihm vergibt (Apostelgeschichte 8,5-24). Deshalb dürfen wir als Fürbitter die Gaben, die Gott uns aus freien Stücken für den Dienst an der Menschheit gegeben hat, nicht verhökern. Wir müssen bereitwillig dienen, und Gott wird alle unsere Bedürfnisse erfüllen.

Ungeduld

Gott erhört Gebete nach seinem Willen und nach seinem Zeitplan. Wir können Gott nicht dazu zwingen, unsere Wünsche zu erfüllen. Deshalb müssen wir Gottes Führung folgen und geduldig darauf warten, dass er unsere Gebete beantwortet. Ungeduld führt dazu, dass wir murmeln oder nach unbeantworteten Fragen suchen. Wir müssen beten und den Rest in Gottes Hände legen, in dem Glauben, dass er uns zu seiner perfekten Zeit antworten wird. Der Teufel bot Jesus eine Abkürzung an, um seinen Auftrag auf Erden zu erfüllen, aber er lehnte ab und ertrug geduldig das Kreuz, um Gottes Willen für die Menschheit zu erfüllen. In gleicher Weise wird der Teufel Ihnen eine Abkürzung anbieten, wenn Sie ungeduldig sind.

> *„[8] Und der Teufel nahm ihn mit auf einen hohen Berg und zeigte ihm alle Reiche der Welt und ihre Herrlichkeit[9] und sprach zu ihm: Das alles will ich dir geben, wenn du niederfällst und mich anbetest. [10]Da spricht Jesus zu ihm: Gehe hin, Satan; denn es steht geschrieben: „Du sollst den Herrn, deinen Gott, anbeten und ihm allein dienen. [11] Da ließ der Teufel von ihm ab, und siehe, da kamen Engel und dienten ihm. " - Matthäus 4:8-11*

Jesus veranschaulichte die Bedeutung von Geduld und Ausdauer auch in dem folgenden Gleichnis:

„[1] Und er redete ein Gleichnis zu ihnen, damit die Menschen allezeit beten und nicht verzagen,[2] und sprach: Es war ein Richter in einer Stadt, der fürchtete Gott nicht und achtete die Menschen nicht: [3]Und es war eine Witwe in der Stadt, die kam zu ihm und sprach: Räche mich an meinem Widersacher! [4]Und er wollte eine Zeitlang nicht; danach aber sprach er bei sich selbst: Ich fürchte zwar weder Gott noch Menschen,[5] aber weil mich diese Witwe bedrängt hat, will ich sie rächen, damit sie mich nicht durch ihr ständiges Kommen ermüdet ermüdet. [6] Und der Herr sprach: „Höre, was der ungerechte Richter sagt. [7]Und wird Gott nicht seine Auserwählten rächen, die Tag und Nacht zu ihm schreien, obwohl er sie lange ertragen muss? [8]Ich sage euch, dass er sie bald rächen wird. Wenn aber des Menschen Sohn kommen wird, wird er Glauben finden auf Erden?" — **Lukas 18:1-8**

Schlussfolgerung:

Die Fürbitter müssen alles vermeiden, was ihre Gebete behindert, wie z. B. Götzendienst, Ungehorsam, Unglaube, Erpressung, ungöttliches Familienleben, Ungeduld, Beleidigungen und uneingestandene Sünden. Einige der Priester des Alten Testaments zeigten keine Ehrfurcht vor Gott, indem sie unvollkommene Opfer darbrachten und ihre Frauen und die weniger Privilegierten in ihrer Mitte misshandelten, so dass sie keine wirksamen Fürsprecher waren.

Im Neuen Testament jedoch hat Jesus, der ultimative Fürsprecher, Gott gehorcht und Antworten auf seine Gebete erhalten. Jesus warnte seine Jünger vor den verdammenswerten Sünden wie Unglaube, Beleidigung und vielen anderen, die Gebete unerhört machen. Daher müssen diese identifizierten Hindernisse bekannt und beseitigt werden.

Im nächsten Kapitel erfahren wir, dass Jesus die ultimative Erweckung der Menschheit anführte, als er für unsere Sünden bezahlte und unsere Herzen mit Gott versöhnte. Er gab uns seine Gerechtigkeit für unseren hingebungsvollen Dienst an Gott und beauftragte die Gläubigen, den Dienst der Fürbitte und Versöhnung fortzusetzen, um die verlorenen Seelen zu retten.

*Willst du uns nicht wieder erwecken, daß sich dein Volk an dir freue? 7 Erweise uns deine Barmherzigkeit, HERR, und schenke uns dein Heil. 8 Ich will hören, was Gott, der HERR, reden wird; denn er wird Frieden reden zu seinem Volk und zu seinen Heiligen; aber sie sollen nicht zur Torheit zurückkehren. - **Psalmen 85:6-13**animal*

6

Wiederbelebung e uns wieder

Der Hauptgrund für die Fürbitte ist die Erweckung. Die ultimative Erweckung war die übernatürliche Wiederherstellung der Gemeinschaft zwischen Gott und Mensch durch die Ausgießung des Geistes Gottes auf den Menschen.

Der Sündenfall im Garten Eden brachte den geistigen Tod. Daher hat Gott Fürsprache eingelegt, um die verlorenen Seelen der sündigen Menschheit wiederherzustellen. Er gibt die Bedingungen und die spezifischen Schriften vor, um die Seele zu regenerieren. Selbstbemühungen können nicht helfen; jeder Schritt muss von Ihm abhängen. Gott benutzt normalerweise gesalbte, auserwählte Gefäße, um die Menschen zur Umkehr und Erweckung zu führen. Unter dem Alten Bund zum Beispiel benutzte er Propheten und Priester, um in Israel Umkehr und Erweckung zu predigen. Diese Erweckungen waren jedoch nur von kurzer Dauer, weil das Volk, nachdem es die Freiheit genossen hatte, zu seiner Schlechtigkeit zurückkehrte. Dies geschah in der Regel nach dem Tod des Fürsprechers.

> *„Denn also hat Gott die Welt geliebt, dass er seinen eingeborenen Sohn gab, damit jeder, der an ihn glaubt, nicht verloren gehe, sondern ewiges Leben habe.“ — **Johannes 3:16***

Zur festgesetzten Zeit führte Jesus die ultimative Erweckung für die Menschheit herbei, als er für unsere Sünden bezahlte und unsere Herzen mit Gott versöhnte. Er gab uns seine Gerechtigkeit und bevollmächtigte uns mit dem Heiligen Geist für unseren hingebungsvollen Dienst an Gott. Jesus beauftragte die Gläubigen auch, den Dienst der Fürbitte fortzusetzen, um verlorene Seelen wiederzubeleben und zu retten.

Erweckungen im Alten Testament

Geistlicher Verfall und Vergeblichkeit gingen den meisten Erweckungen im Alten Testament voraus. Gottes Volk hatte einen bedingten Bund mit ihm geschlossen, um nur ihm zu dienen. Doch nach der Zeit von Mose und Josua wurde Israel Gott gegenüber untreu. Die levitischen Priester versagten als Fürsprecher, so dass Israel immer tiefer in die Sünde stolperte und gegen Gottes Gesetze rebellierte, indem es Götzen anbetete. Außerdem opferte Israel diesen Göttern seine Kinder. Auf der Suche nach Wohlstand und Komfort vermischten sie oft göttlichen und gottlosen Dienst. Daher sahen sie sich mit Herausforderungen konfrontiert: Hungersnöte zerstörten ihren Reichtum, und die Philister, Midianiter, Assyrer und Babylonier eroberten sie. So geriet Israel in geistlichen Verfall, moralische Finsternis und Elend, als Gott seine Gegenwart zurückzog und es unter die Völker zerstreute. Der barmherzige Herr sandte jedoch Propheten und Richter wie Samuel, Othniel, Ehud, Schamgar, Debora, Barak, Joel, Nehemia und Elia, um sich für die Wiederbelebung Israels einzusetzen. Sie brachten sie dazu, ihre Sünden zu bereuen und den Gottesdienst und den Wohlstand wiederherzustellen. Gott gab ihnen das Muster, das seinem Volk die Erweckung brachte.

„¹³ Wenn ich den Himmel verschließe, dass es nicht regnet, oder wenn ich den Heuschrecken befehle, das Land zu fressen, oder wenn ich Pestilenz unter mein Volk sende,¹⁴ wenn mein Volk, das nach meinem Namen genannt ist, sich demütigt und betet und mein Angesicht sucht und sich von seinen bösen Wegen abwendet, dann will ich vom Himmel her hören und ihre Sünde vergeben und ihr Land heilen." — **2. Chronik 7:14**

So umfasste die alttestamentliche Fürbitte für die Erweckung die Reue und das Bekenntnis der Sünde, das Fasten, die Zerstörung der Götzen, die Reinigung, die Wiedereinweihung des Tempels und der heiligen Gefäße sowie die Verpflichtung zum hingebungsvollen Gottesdienst. Dann erhört, vergibt und heilt Gott und stellt Freude und Wohlstand wieder her.

Bekenntnis und Reue

Das Wort Gottes gebietet das Bekenntnis der Sünde und die Anerkennung gegenüber Gott und dem Nächsten, gegen den wir gesündigt haben. Das ist ein wesentlicher Teil unseres Weges mit Gott als Menschen. Gott verlangt von uns, dass wir uns unserer Sünden als fehlbare Menschen bewusst werden, uns von diesen Sünden abwenden und uns mit seiner Hilfe bessern (Lev. 16,21; Esra 9; Daniel 9,3-12).

Die Sünde ist die einzige Barriere, die den Menschen von Gott trennt. Als Gott also einen Bund mit Israel schloss, zeigte er ihnen auch den Weg zur Erweckung, wenn sie ungehorsam waren. Gott sagte, wahre Reue sei der erste Schritt zur Erweckung. Deshalb offenbarte er den Fürsprechern die Sünden des Volkes und leitete sie zur Umkehr an. So erklärte Gott Joel zum Beispiel, warum der Krebswurm und die Raupe ihren Segen gefressen hatten, und zeigte ihnen den Weg zur Wiederherstellung. Als sie ihre Sünden bekannt hatten, stellte Gott sie wieder her. Außerdem verkündeten die Fürbitter dem Volk Gottes Gesetze und veranlassten es zur Umkehr. Als Esra dem Volk zum Beispiel die Gesetze vorlas, erkannten und beichteten sie weinend ihre Sünden.

> *„Wenn ich den Himmel verschließe, dass es nicht regnet, oder wenn ich den Heuschrecken befehle, das Land zu fressen, oder wenn ich Pestilenz unter mein Volk sende, wenn mein Volk, das nach meinem Namen genannt ist, sich demütigt und betet und mein Angesicht sucht und sich von seinen bösen Wegen abwendet, so will ich vom Himmel her hören und ihre Sünde vergeben und ihr Land heilen.“*
> — **2. Chronik 7:13-14**

In Kenntnis der Gesetze definierten die Fürbitter den konkreten Verstoß, legten ein Bekenntnis ab, appellierten an Gottes Barmherzigkeit und beendeten ihren bösen Weg. Dann ergaben sich die Menschen dem souveränen Gott und befolgten seine Gebote.

Gebet und Fasten

Im Alten Testament waren Gebet und Fasten Teil des Erweckungsprozesses. So machte Gott beispielsweise das Fasten am Versöhnungstag zur Pflicht, einem Tag, an dem der Hohepriester für die Barmherzigkeit Gottes gegenüber Israel eintrat. Auch alle Erweckungen, die von Königen, Richtern, Priestern und Propheten geleitet wurden, waren mit Fasten verbunden. Daniel zum Beispiel fastete und betete für die Wiederherstellung Israels aus der Gefangenschaft. Ebenso befahl Gott Joel, ein Fasten auszurufen, als ihre Feinde ihre Ernte und ihren Besitz zerstörten.

„Und am zehnten Tag des siebten Monats soll ein Versöhnungstag sein; der soll euch heilig sein, und ihr sollt eure Seelen betrüben und dem HERRN ein Feueropfer darbringen." — **Levitikus 23:27**

Außerdem hat Gott den Israeliten gesagt, dass sie während des Fastens den Armen Barmherzigkeit erweisen sollen, damit er ihre Gebete erhört (Joel 1,14).

„[6] Ist das nicht die Fastenzeit, die ich erwählt habe, um die Bande der Bosheit zu lösen, um die schweren Lasten zu lösen und die Unterdrückten frei zu lassen und jedes Joch zu zerbrechen? [7]Ist es nicht so, dass du den Hungrigen dein Brot austeilst und die Armen, die verstoßen sind, in dein Haus führst? Wenn du einen Nackten siehst, sollst du ihn bedecken, und du sollst dich nicht vor deinem eigenen Fleisch verstecken. [8]Dann wird dein Licht hervorbrechen wie der Morgen, und deine Gesundheit wird schnell aufblühen, und deine Gerechtigkeit wird vor dir hergehen, und die Herrlichkeit des HERRN wird dein Lohn sein." — **Jesaja 58,6-8**

Wir müssen Gottes Souveränität anerkennen, indem wir Zeiten des Fastens und des Gebets einlegen, um uns vor Gott zu demütigen. Wir müssen auch unsere Sünden bekennen und uns darauf verlassen, dass Gott uns während des Fastens wiederherstellt. Die Verunreinigung durch unsere Sünden macht uns unrein, und all unsere Gerechtigkeit wird schmutzig. So verbirgt Gott sein Angesicht vor uns wegen unserer Sünden. So verwelken wir wie Blätter, und unsere Missetaten haben uns wie der Wind weggetragen. Deshalb müssen wir Gott anrufen, dass er sich rührt, um uns zu ergreifen.

Er verheißt: „Unser Licht bricht hervor wie der Morgen, und unsere Gesundheit geht schnell hervor, und unsere Gerechtigkeit geht vor uns her, und seine Herrlichkeit ist unser Lohn." (Jesaja 58,6-8).

Zerstörung von Götzen

Die Anbetung von etwas anderem als Gott ist Götzendienst. Es führt zur Verunreinigung und nimmt seine Herrlichkeit weg. Als die Schlange Eva verführte und sie dazu brachte, wie Gott zu werden, verunreinigte sich das Paar, verlor die Herrlichkeit Gottes und wurde nackt. Außerdem befahl Gott Jakob, alle Götzen in seinem Haus zu zerstören, bevor er wiederhergestellt würde. Mehr noch, das erste der zehn Gebote, die Gott Israel gab, lautete:

„Du sollst keine anderen Götter haben vor mir."

Die erste Sünde, die die Israeliten begingen, war der Götzendienst auf dem Berg Sinai. Daraufhin zerstörte Mose das goldene Kalb und bat Gott um Gnade für das Volk. Gott befahl seinem Volk immer, sich von den Götzen zu reinigen, bevor er es besuchte (3. Mose 35,2). Der heilige Gott kann nicht in der Unreinheit wohnen. Deshalb verließ die Gegenwart Gottes den Tempel, als Israel Götzen in das Heiligtum brachte. Daher führten Fürsprecher die Reinigung des Tempels an, um die wahre Anbetung wiederherzustellen. Gottesfürchtige Könige wie Hiskia und Josia führten Israel an, den Tempel von den Götzen zu befreien (2. Chronik 29,3-31,21; 2. Könige 22-23). Auch von Nehemia (Nehemia 13,4-14) und Josia (2 Könige 22-23) gibt es Aufzeichnungen über Tempelreinigungen. Die Götzen entweihten den Tempel und missbrauchten die heiligen Gefäße, was zu einer obligatorischen Reinigung führte. Sie legten die götzendienerischen Priester und ihre Altäre in Israel nieder, um sich auf Gott zu konzentrieren.

Umwidmung

Israel baute die Stiftshütte und den Tempel und weihte diese heiligen Stätten der Anbetung Gott. Dies wurde zur nationalen Identität des alten Israel. Die Gegenwart Gottes verließ das Gebäude jedoch, als sie Götzen anbeteten, was gegen die Gesetze des Bundes verstieß. Damit die Erweckung die echte Anbetung Gottes wiederherstellen konnte, reinigten gottesfürchtige Priester das Heiligtum und weihten es wieder Gott. Sie weihten auch sich selbst wieder dem Herrn.

„Und bei der Einweihung der Mauer von Jerusalem suchten sie die Leviten aus allen ihren Orten, um sie nach Jerusalem zu bringen, damit sie die Einweihung mit Freuden, mit Dank und Gesang, mit Zimbeln, Psaltern und Harfen feierten." - ***Nehemia 12:27***

„Und die Priester und Leviten reinigten sich und reinigten das Volk, die Tore und die Mauer." - ***Neh. 12:30***

Nach der Wiedereinweihung des Tempels leiteten die Priester das Volk dazu an, den Gottesdienst mit täglichen und jahreszeitlichen Opfern und Gaben wieder aufzunehmen, die Gottes Gegenwart anzogen. Die Erweckung führte also dazu, dass die vom Gesetz vorgeschriebenen Opfer und Gaben wieder eingeführt wurden. Reue und Hingabe an Gott führten zu einer echten Anbetung des lebendigen Gottes von ganzem Herzen. Echte Anbetung stellte ihre Beziehung zu Gott wieder her.

Belohnung

Dann erhörte Gott ihre Gebete und hatte Erbarmen mit ihnen. Er vergab ihnen und reinigte sie von ihren Sünden und gab ihnen ihr Land zurück. Gott bewahrte sie vor der Zerstörung und stellte die Freude wieder her. Gottes Rettung und Gerechtigkeit brachten Freude durch die Versöhnung ihrer Beziehung. Die Wiederherstellung erfordert Gottes Gunst, Vergebung und Nachsicht.

Gott schuf den Menschen nach seinem Ebenbild. Er stattete ihn mit den Lebensqualitäten der Harmonie aus. Durch den Sündenfall und seine Folgen wurden diese Gaben jedoch pervertiert. Die Sünde zerstörte die Beziehung zwischen Gott und Mensch. Die Sünde hat dem Menschen immer Trennung, Elend, Schmerz und Zerstörung gebracht. Gott hat den Heilsplan ins Leben gerufen, um die Menschheit wiederherzustellen und ihr eine Probezeit zu geben, damit sie sich seinem Bild anpasst. Gottes Gesetz umfasst alle Dimensionen des Lebens. Er weist alle Menschen an, sich an ihn zu erinnern und gesunde Beziehungen zu pflegen. Gott verspricht denjenigen, die seine Gesetze befolgen, ein Leben in Frieden, Ganzheit und Glück.

Beispiele für Erweckungen im Alten Testament

- Mose und Israel - Exodus 4:18-31
- Othniel - Richter 1:12-27
- Ehud - Richter 3:1-31
- Deborah - Richter 4-5
- Gideon - Richter 6
- Simson - Richter 13:1-16

- Samuel und Israel - 1 Sam 7:1-13
- König David und Israel - 2 Sam 24:1-25
- König Salomo - 2 Chronik 6
- Asa - 2. Chronik 15:1-15
- Joasch und Josia - 2. Chronik 34-35
- Jona und Ninive - Jona 1-4
- Hiskia - 2. Chronik 29-31
- Esra - 5-6
- Nehemia - 8-10
- Daniel 9

Mose und die Erweckung Israels

Nachdem Gott die Israeliten aus Ägypten befreit hatte, lagerten sie auf dem Berg Sinai, während Mose auf den Berg stieg, um vierzig Tage lang mit Gott zu sprechen. Die Israeliten nahmen an, dass Mose während seiner langen Abwesenheit gestorben war, und zwangen Aaron, ein Götzenbild für sie anzufertigen, das sie anbeten sollten (2. Mose 32,1). Aaron nahm das Gold des Volkes und erschuf ein goldenes Kalb. Das Volk erklärte, das Kalb habe sie aus Ägypten herausgeführt (2. Mose 32,4). Sie opferten dem Götzen inmitten ihrer Feste und sexuellen Unmoral.

Mose stieg vom Berg herab und sah ihre Gräueltaten. Er wurde zornig, warf die von Gott beschrifteten Steintafeln hinunter und zerbrach sie (2. Mose 32,19). Damit erklärte Gott seine Absicht, sie zu vernichten und Mose zu benutzen, um ein neues Volk zu gründen. Mose jedoch begann, im Namen

Israels Fürsprache zu halten und Gott um Vergebung und Wiederherstellung des Friedens zu bitten.

> *„So fiel ich vor dem HERRN NIEDER, vierzig Tage und vierzig Nächte, wie ich zuerst niederfiel, weil der HERR gesagt hatte, er würde euch verderben. ²⁶ Da betete ich zum HERRN und sprach: Herr, GOTT, vertilge nicht dein Volk und dein Erbe, das du durch deine Größe erlöst hast, das du mit starker Hand aus Ägypten herausgeführt hast. ²⁷ Gedenke an deine Knechte Abraham, Isaak und Jakob; sieh nicht auf den Starrsinn dieses Volkes noch auf ihre Bosheit noch auf ihre Sünde.²⁸ Damit das Land, aus dem du uns herausgeführt hast, nicht sagt: Weil der HERR nicht imstande war, sie in das Land zu bringen, das er ihnen verheißen hatte, und weil er sie hasste, hat er sie herausgeführt, um sie in der Wüste zu töten. "*
>
> **— Deuteronomium 9:25-28**

Daraufhin zerstörte Mose das Götzenbild und bestrafte diejenigen, die vorsätzlich gesündigt hatten. Zuerst tadelte er Aaron und fragte: „Was hat dir dieses Volk angetan, dass du es zu solchem Unheil geführt hast?" Die zweite Folge von Gottes Zorn galt den reuelosen Führern, die sich weigerten, sich in Scham zu demütigen, und die ihre Opposition gegen ihn absichtlich zur Schau stellten. Als Mose schließlich die Leviten aufforderte, sich gegen Unmoral und Götzendienst einzusetzen, stellten sie sich an seine Seite. Danach befahl Mose den Leviten, jeden zu töten, der sich weigerte, sich in Reue zu demütigen, und sie töteten dort 3.000.

Mose kehrte daraufhin für das Volk auf den Berg zurück (2. Mose 32,30). Neben den erschlagenen 3.000, die unverhohlen rebelliert hatten, schickte der Herr als zusätzliche Strafe eine Plage. Gott drohte, seine Gegenwart aus ihrer Mitte zu nehmen und sie von einem Engel führen zu lassen. Als Mose Gott anflehte, sie nicht im Stich zu lassen, erhörte Gott das Gebet des Mose und erfüllte seinen Wunsch.

Alle Dinge sind für Gott sichtbar. Noch bevor Mose vom Berg herabstieg, hatte Gott bereits die Sündhaftigkeit des Volkes gesehen (2. Mose 32,7-8). Die Sünde wird Gottes Zorn über die Menschen bringen, und Sühne ist nötig (Galater 6,7). Mose traf sich nach Israels sündhaftem Verhalten dreimal mit Gott, um ihnen ihre Sünden zu vergeben und Gott zu bitten, seine Gegenwart nicht von ihnen zu nehmen.

Wenn man jedoch weiterhin einen vorsätzlichen, unbußfertigen Lebensstil führt, kann einem die Gunst Gottes entzogen werden - Gebetserhörungen, Barmherzigkeit, Schutz und die Gegenwart Gottes werden nicht mehr erhört (Jesaja 59,1-2; Jeremia 18,17). Demut, Gebet und Bekenntnis sind für die Vergebung notwendig. Gott hat Freude daran, Barmherzigkeit zu zeigen. Ein echtes Bekenntnis in Demut zur Vergebung und Wiederherstellung.

Die Wiederbelebung von Josua und Israel

Josua war Gott treu, als Mose ihn und die anderen elf Kundschafter aussandte, um das Gelobte Land zu erkunden. Er war der Nachfolger von Mose als Führer Israels. Gott hatte gesagt, dass er ihm das Land geben würde. Also überquerten Josua und seine Männer den Jordan und zogen in das Land Kanaan ein. Sie vertrieben die Völker, die zuvor dort wohnten, und nahmen das Land in Besitz.

Außerdem lebte Josua das Land und wollte, dass sein Volk Gott bis zu seinem Tod im Alter von 110 Jahren weiter diente. So versammelte er die Israeliten und ihre Anführer vor dem Herrn und erzählte ihnen, wie Gott sie geführt und reichlich gesegnet hatte, indem er seine Verheißungen erfüllte, die darauf beruhten, dass sie Gott fürchteten und ihm dienten und die abscheulichen Götter verließen. Obwohl andere immer noch Gottes Satzungen und Gebote verließen und Götzen anbeteten, befahl er ihnen, diese fremden Götter zu verwerfen.

„So fürchtet nun den HERRN und dient ihm aufrichtig und wahrhaftig und legt die Götter ab, denen eure Väter jenseits des Stroms und in Ägypten gedient haben. Dient dem HERRN! Wenn ihr euch aber weigert, dem Herrn zu dienen, dann wählt heute, wem ihr dienen wollt. Willst du lieber den Göttern dienen, denen deine Vorfahren jenseits des Euphrat gedient haben? Oder willst du den Göttern der Amoriter dienen, in deren Land du jetzt lebst? Ich aber und meine Familie werden dem Herrn dienen. "-Johannes 24:14-15

Wir müssen uns auf die Seite Josuas stellen, um dem Herrn zu dienen. Er führte das Volk dazu, seinen Bund mit Gott zu erneuern. Es ist auch wichtig, dass wir uns versammeln, um unsere Sünden zu bekennen und uns von unseren persönlichen und gemeinsamen Sünden abzuwenden, Gottes Heiligkeit anzuerkennen und die Gemeinschaft mit ihm zu erneuern.

Erweckung durch den Propheten Samuel in Israel

Während Samuels Regierungszeit wurde Israel Gott gegenüber untreu. Sie beteten Aschtaroth der Kanaaniter an. Samuel zeigte Israel, wie sie die Gebote, die Gott dem Mose gegeben hatte, missachtet hatten. Er sagte zu allen Israeliten,

„Wenn ihr von ganzem Herzen zum Herrn zurückkehrt, dann entledigt euch der fremden Götter und der Aschtoreth und gebt euch dem Herrn hin und dient nur ihm, dann wird er euch erlösen." - *1 Samuel 7:3*

Samuel forderte die Israeliten auf, alle Götzen abzuschaffen und Gott allein anzubeten und zu dienen. Nach vielen Unterdrückungen durch die Philister erkannten die Israeliten, dass sie Gott brauchten.

- Sie gingen nach Mizpa, schöpften Wasser und gossen es vor Gott aus. An diesem Tag fasteten sie und bekannten, dass sie Gott untreu waren.

- Danach zerstörten sie alle Götzen, die sie daran hinderten, den einzig wahren und lebendigen Gott anzuerkennen.

„Versammelt ganz Israel zu Mizpa, und ich werde beim Herrn für euch Fürsprache einlegen. Er sagte auch: „Gott bewahre mich davor, dass ich mich gegen den Herrn versündige, indem ich aufhöre, für euch zu beten. Nicht mehr zu beten, ist eine Sünde gegen Gott. - 1 Samuel 7,5

Samuel brachte Gott ein Opfer dar, um die Begnadigung Israels zu erwirken, und legte in Mizpa Fürsprache für das Volk ein. Er betete auch für Israel während des Krieges, in dem die Philister besiegt wurden und das Land der Philister zurückerobert wurde. Danach diente Samuel als Führer Israels in Mizpa (1. Samuel 7,1-11). Daher sind beharrliches Gebet und Bekenntnis während der Erweckung unerlässlich, um zu Gott zurückzukehren.

Die Erweckung des Propheten Elias

Nach Salomos Tod wurde Israel in zwei Königreiche geteilt. Juda und Israel wurden jeweils von einem anderen König regiert. Als sich das nördliche Königreich Israel durch Götzendienst gegen Gott auflehnte, rief Elia eine dreieinhalbjährige Dürre über das Land aus. Israel betete, inspiriert von König Ahab und Königin Isebel, Baal an, seinen Fruchtbarkeits- und Regengott, der Teil der umgebenden Kultur war. Nach drei Jahren rief Elia zu einem Brandopferwettstreit zwischen ihm und den Propheten des Baal auf, um zu entscheiden, wen sie anbeten sollten.

Nachdem Gott durch Elia auf dem Berg Karmel ein Wunder vollbracht hatte, bekannte sich das Volk zu Gott, und Elia führte es dazu, alle Propheten des Baal zu töten. Gott zeigte seine Überlegenheit gegenüber den Propheten Baals, als Elia die Macht Gottes zeigte, als er betete, und Feuer vom Himmel das Opfer verzehrte, was die Propheten Baals nicht vermochten. Israel fiel auf die Knie und betete Gott an.

„[37] Höre mich, HERR, höre mich, damit dieses Volk erfährt, dass du der HERR, der Gott, bist, und dass du ihr Herz wieder umkehrst. [38]Da fiel das Feuer des HERRN und verzehrte das Brandopfer, das Holz, die Steine und den Staub und leckte das Wasser auf, das in

*der Grube war. ³⁹Und als alles Volk das sah, fielen sie auf ihr Angesicht und sprachen: Der HERR ist der Gott, der HERR ist der Gott." — 1 **Könige 18:37-39***

Israel bereute es, Baal zu folgen, und erklärte, dass Israels Gott der einzige Gott ist. Schließlich stellte Israel die wahre Anbetung Gottes wieder her, und es regnete reichlich. Gott lässt oft herausfordernde Situationen zu, um uns zu helfen, unsere Schwächen zu erkennen und uns auf ihn zu verlassen.

König Asas Erweckung und moralischer Wandel

Asa, der dritte König von Juda, war ein integrer Mann. Unter seiner Herrschaft kam es zu einer Wiederbelebung der Gottesverehrung. Asa suchte das Wort Gottes und widmete die Gefäße wieder dem Haus Gottes.

> *„Asa gebot Juda, den HERRN, den Gott ihrer Väter, zu suchen und das Gesetz und das Gebot zu halten. Und er nahm aus allen Städten Judas die Höhen und die Räucheraltäre weg. Und das Königreich hatte Ruhe unter ihm." - **2. Chronik 14,4-5***

- König Asa zerstörte die Zentren des Götzendienstes, die Salomo in seinen späteren Jahren errichtet hatte, um seine ausländischen Frauen zu besänftigen.

- Er führte das Volk dazu, die Gesetze und Gebote Gottes zu befolgen. Unter seiner Führung baute Juda seine Stadt wieder auf.

- Der Herr segnete und leitete ihn und schenkte ihm Sicherheit durch lange Perioden des Friedens und des Wohlstands. Gott ließ ihn in Kriegen siegreich sein (2. Chronik 14).

In der Folge vertraute er auf menschliche Hilfe in einer Schlacht und verließ sich auf Ärzte, um seine Gebrechen zu heilen. Er nahm die Schätze aus dem Tempel und gab sie dem König von Syrien, um ihn vor dem König von Israel zu schützen. Wir dürfen nicht die Hilfe von Menschen suchen oder Gottes Ehre den Menschen geben.

Wir dürfen nicht zulassen, dass Erfolg und ein trügerischer, einfacher Lebensstil uns beeinflussen, noch dürfen wir uns durch persönliches Streben vom Herrn wegführen lassen.

König Joschafats Erweckung

Joschafat regierte Juda nach dem Tod seines Vaters Asa. Er verließ sich auf Gott, im Gegensatz zu früheren Königen, die die Hilfe fremder Götter wie Baal suchten. Josaphat entfernte die Stätten der Verehrung fremder Götter wie die Aschera-Stangen. Josaphat folgte zu Beginn seiner Herrschaft dem Beispiel Davids, so dass der Herr mit ihm war. Der Herr sicherte sein Reich, und er wurde wohlhabend und geachtet.

- Gottes Furcht fiel auf die umliegenden Völker, so dass sie keinen Krieg mit ihm in Erwägung zogen (2. Chronik 17,10).
- Die Philister, die Feinde Israels und Judas, brachten ihm Geschenke und Silber als Tribut. Auch die Araber brachten ihm 7.700 Widder und 7.700 Ziegen (2. Chronik 17,11).
- Er erhöhte die militärische Sicherheit durch den Bau von Festungen im ganzen Land (2. Chronik 17:12-13).
- Er ließ seine Truppen zählen und in befestigten Städten in ganz Juda stationieren (2. Chronik 17:14-19).

Als er von seinen Feinden aus vier mächtigen Nationen umzingelt war, verkündete er ein Fasten, und das Volk rief Gott um Hilfe an. Gott erhörte ihre Gebete und besiegte die Feinde, die gegen Juda angetreten waren (2. Chronik 20). Das Volk brauchte vier Tage, um die Beute der Feinde einzusammeln. Danach genoss Juda Frieden und Wohlstand. Josaphat missfiel Gott, als er Bündnisse mit den Königen Israels einging, die Gott nicht dienten. Wir sollten Gottes Rat suchen, auf ihn warten und nicht auf Mittel zu unserem Vorteil, die ihm nicht gefallen.

König Josias Wiederbelebung von Juda

König Josia war der letzte große König von Juda vor der babylonischen Gefangenschaft. Manasse, sein Großvater, hatte 55 Jahre lang regiert und das Land in den Götzendienst geführt. Manasse betete Götzen an, den Moloch. Er vergoss und opferte seine Söhne als Teil des Anbetungsrituals im Feuer und füllte Jerusalem mit unschuldigem Blut (2. Könige 21,16).

Also beschloss Gott, Juda wegen Manasses Bosheit in die Gefangenschaft zu schicken. In der Gefangenschaft bereute Manasse kurz vor dem Ende seines Lebens seine Ungerechtigkeit. Gott erhörte sein Gebet und erlaubte ihm gnädigerweise, nach Jerusalem zurückzukehren, wo er versuchte, all sein Unrecht gegen Gott wiedergutzumachen. Doch Amon folgte dem bösen Beispiel seines Vaters, wandte sich erneut dem Götzendienst zu und regierte nur zwei Jahre lang.

Mit acht Jahren wurde Josia König und regierte einunddreißig Jahre lang in Jerusalem. Er diente dem Herrn treu und folgte den Wegen Davids. Außerdem führte er das Volk dazu, den Tempel zu renovieren.

Als der Hohepriester das Buch des Gesetzes im Tempel fand, las er es vor Josia. Er war betrübt, als er hörte, was darin stand, denn sie hatten es nicht befolgt. Deshalb wies er seine Ältesten an, den Herrn zu fragen, was im Gesetz geschrieben stand. Als sie die Prophetin Hulda aufsuchten, sagte sie ihnen, dass Gott über Juda Unheil bringen würde, wie es in dem Buch stand, das der König von Juda wegen ihrer Sünden gelesen hatte. Hulda erklärte jedoch, dass Gott Juda während der Regierungszeit von König Josia nicht bestrafen würde, weil er sich vor dem Herrn demütigte, als er Gottes Urteil hörte.

Trotz seiner günstigen Prophezeiung rief Josia die Ältesten und das Volk in den Tempel, und die Priester lasen ihnen das Gesetz vor. Dann beauftragte Josia das Volk, den Pakt mit Gott wiederherzustellen. Er lautete den Gesetzen, die er gegeben hatte, zu gehorchen und Gott mit ihrem ganzen Wohl zu dienen. Nach diesem Bekenntnis entfernten die Priester und Torwächter wie befohlen die götzendienerischen Gegenstände aus dem Tempel. Dann verbrannte er sie außerhalb Jerusalems im Kidrontal und brachte die Asche nach Bethel. Daraufhin töteten sie die Priester, die die Götzen anbeteten. Schließlich zerstörte er alles, was an Götzen vor den Augen des Volkes errichtet worden war. Von Gaba bis Beerscheba brachte Josia alles wieder so in Ordnung, wie Gott es befohlen hatte.

„Weder vor noch nach Josia gab es einen König wie ihn, der sich dem Herrn zuwandte, wie er es tat - von ganzem Herzen, von ganzer Seele und mit all seiner Kraft, gemäß dem ganzen Gesetz des Mose." — **2 Könige 23:25**

Nachdem der ägyptische König auf dem Weg war, gegen Assyrien zu kämpfen, zog Josia los, um gegen ihn zu kämpfen, obwohl Gott es ihm verboten hatte. Infolge seines Ungehorsams töteten sie Josia im Kampf. Sie trugen seinen Leichnam nach Jerusalem und begruben ihn dort.

So wie Josia, ein Fürbitter, auf seinen Knien kapitulierte und um seine tiefe Zerrissenheit schrie. Wir müssen mit gebrochener Gemeinschaft fallen, weil wir rebellieren und Gottes heilige Gebote nicht kennen (Amos 4,6). Erweckung beginnt mit Demut, nachdem man das Wort Gottes gesucht und gebetet hat. Gott erwartet von seinem Volk, dass es demütig vor ihm ist und sich von seinem ungerechten Leben abwendet. Reue ist Gottes Gnade, die uns befähigt, die Richtung unseres Herzens zu ändern. Außerdem wirkt Gott gnädig, um Menschen zur Umkehr zu führen.

König Hiskia und die Erweckung in Juda

König Hiskia, der Sohn von Ahas, war fünfundzwanzig Jahre alt, als er König von Juda wurde; er regierte neunundzwanzig Jahre lang in Jerusalem. Er wurde König von Juda, nachdem mehrere Könige regiert hatten, die Gott ungehorsam waren. In Juda hatte es einen großen Niedergang, Ungerechtigkeit und Nachlässigkeit gegenüber Gott gegeben. Als er die Herrschaft übernahm, hatten die einfallenden Heere das Nordreich Israel zerstört. Dennoch gehorchte er und tat, was dem HERRN gefiel.

- Er öffnete die Türen des Tempels Gottes wieder, die sein Vater geschlossen hatte.
- Er rief die Priester und Leviten auf, alle verunreinigten Dinge aus dem Heiligtum zu entfernen. Er warnte sie, dass ihre Vorfahren untreu gewesen waren und Böses vor Gott getan hatten. So verließen sie seine

Wohnung und kehrten ihm den Rücken zu. Sie hörten auf, Weihrauch und Brandopfer im Heiligtum des Gottes der Tempel zu verbrennen. So machte der Herr sie zu Objekten des Schreckens, des Grauens und des Spottes. Er bat sie auch, ihren Bund mit dem Gott Israels zu erneuern, damit sich sein grimmiger Zorn von ihnen abwenden würde.

- Er erinnerte Juda daran, ihre Pflichten nicht länger zu vernachlässigen! Denn der HERR hatte sie dazu auserwählt, in seiner Gegenwart zu stehen, ihm zu dienen, das Volk in der Anbetung zu führen und ihm Opfergaben zu bringen. Die Leviten reinigten den Tempel des HERRN, so wie der König es befohlen hatte. Er entfernte Judas Götzen, heidnische Tempel und Altäre. Er ersetzte götzendienerische Dinge durch solche, die Gott und dem Tempeldienst gewidmet waren.

Hiskia rief die Beamten der Stadt zusammen, ging in den Tempel des Herrn und brachte Gott Opfer dar. Dann stationierte er die Leviten im Tempel des HERRN. Schließlich befolgte er alle Gebote, die der Herr dem König David durch Gad, den Seher des Königs, und den Propheten Nathan gegeben hatte. Außerdem führte er das Opferfest Passah als nationalen Feiertag wieder ein.

Außerdem stellte er die Anbetung im Tempel wieder her. In der Stadt herrschte große Freude, denn ein solches Fest hatte Jerusalem seit den Tagen Salomos, des Sohnes von König David, nicht mehr erlebt. Dann standen die Priester und Leviten auf und segneten das Volk, und Gott erhörte ihr Gebet von seiner heiligen Wohnung im Himmel aus. Als sie zu Gott zurückkehrten, waren sie wohlhabend. So warf er auch die rücksichtslosen Assyrer ab, die viele Völker besiegt hatten, und besiegte die Philister. Er befestigte die Mauern Jerusalems gegen die Belagerung.

Hiskia hatte bei allem, was er tat, Erfolg, weil Gott mit ihm war, während er ihm gehorchte. Er folgte Gott und stellte den Dienst für ihn wieder her. Er führte das Volk Juda durch eine Zeit der inneren und äußeren Erweckung und hatte nur Hoffnung und Leidenschaft für Gott.

Doch weil er den Assyrern seine Besitztümer prahlerisch zeigte, warnte Gott ihn, dass sie diese Besitztümer wegnehmen würden. So müssen wir lernen, uns nicht zu rühmen oder den Herrn in Zeiten des Segens zu vergessen (2 Könige 16-21, 2 Chronik 28-33).

Der Prophet Jona und die nationale Erweckung von Ninive

Gott beauftragte Jona, Ninive die Umkehr zu predigen, obwohl die Niniviten Israel gegenüber feindlich gesinnt waren. Er ging jedoch nicht nach Ninive, sondern nach Tarschisch, weil er wusste, dass Gott ihnen Barmherzigkeit erweisen würde, wenn sie Buße tun würden. Unglücklicherweise brach mitten auf seiner Reise ein schrecklicher Sturm aus, und die Schiffsbesatzung ging verloren und befand Jona als Schuldigen für ihr Unglück. Daraufhin bekannte Jona seine Schuld, woraufhin die Seeleute ihn über Bord warfen und Gott um Vergebung baten.

> *„Wir bitten dich, Herr, lass uns nicht um das Leben dieses Mannes willen umkommen und klage uns nicht mit unschuldigem Blut an; denn du, Herr, hast getan, was dir gefällt.“*

Gott wurde auf Jona aufmerksam, als er von einem Wal verschlungen wurde. Im Inneren des Wals erlebte er eine persönliche Erweckung und versöhnte sich mit Gott. Jona blieb drei Tage lang im Inneren des Wals und schrie zu Gott.

„Ich schrie zum Herrn wegen meines Leids, und er antwortete mir. Aus dem Bauch der Hölle schrie ich, und Du hörtest meine Stimme. Denn Du warfst mich in die Tiefe, in das Herz der Meere, und die Fluten umgaben mich; alle Deine Wogen und Wellen gingen über mich hinweg, und ich sagte: 'Ich bin aus Deinem Blickfeld verstoßen worden, doch ich will wieder zu Deinem heiligen Tempel schauen. Die Wasser umgaben mich, bis in meine Seele hinein; die Tiefe schloss sich um mich; Unkraut wickelte sich um mein Haupt. Die Erde mit ihren Gittern schloss sich für immer hinter mir; doch du, Herr, mein Gott, hast mein Leben aus der Grube geholt. " — **Jona 2:2**

Nachdem er seine Rebellion erkannt hatte, akzeptierte er Gottes Züchtigung und tat Buße. Danach erhielt Jona eine weitere Gelegenheit, Ninive das Wort Gottes zu verkünden (Jona 3:2). Diesmal ging Jona hin und verkündete treu das Wort Gottes und sagte,

„Noch vierzig Tage, und Ninive wird umgestürzt werden. " - **Jona 3:4**

Als der König von Ninive das Urteil Gottes hörte, rief er die ganze Nation zur Buße und zum Fasten auf, um Gottes Barmherzigkeit zu erlangen. Die Ninive-Bewohner fasteten und taten Buße, und Gott vergab ihnen ihre Sünden und zeigte ihnen Barmherzigkeit. Doch Jona wurde zornig und hoffte auf eine Katastrophe. Er wollte, dass die Stadt für ihre Schlechtigkeit bestraft wird. Danach saß er außerhalb der Stadt und wartete auf die Zerstörung, die nicht kam. Doch die Stadt tat Buße, als sie das Wort hörte, was zeigt, dass Gott ein Herz für die verlorenen Menschen in Sünde hat.

Gott vergibt den reuigen Sündern, aber Jona hatte nicht das Herz, sich über die Rettung der Menschen in Ninive zu freuen. Ein irdischer Vater hätte Jona durch eine andere Person ersetzt, die bereit gewesen wäre, seine Botschaft anzunehmen, aber nicht unser himmlischer Vater.

Obwohl Jona versuchte, dem Auftrag zu entkommen, verließ Gott ihn nicht. Wir müssen also Gottes Willen tun, wenn er uns beauftragt. Er kann unangenehme Situationen nutzen, um Menschen zur Umkehr zu bewegen. Das Gebet ist ein wesentlicher Bestandteil unseres Lebens. Gott ist barmherzig und bevorzugt niemanden. Wir müssen froh sein, wenn Menschen Buße tun, denn wir wissen, dass Gott die Kontrolle hat und mehr an der Entwicklung unseres Charakters interessiert ist.

> *„Und er* betete zum HERRN *und sprach: HERR, war das nicht mein Spruch, als ich noch in meinem Lande war? Darum floh ich zuvor nach Tarsis; denn ich wusste, dass du ein gnädiger und barmherziger Gott bist, langsam zum Zorn und von großer Güte, und es reut dich, dass du das Böse getan hast."* - *Jona 4:2*

Joel und die Wiedererweckung von Juda

Der Prophet Joel war der Prophet von Juda während der Herrschaft von König Joasch. Er verkündete Gottes Botschaft von der bevorstehenden Katastrophe und dem Gericht über die Sünde und seine Entscheidung, das Königreich Juda ohne Vorwarnung zu treffen. Dunkle Wolken würden mit Heuschrecken über das Land herfallen und innerhalb von Stunden alles Grünzeug ausrotten. Dennoch befahl Gott ihnen, die Posaune zu blasen, ein Fasten zu halten und eine feierliche Versammlung während einer Krise einzuberufen. Er wies sie an, umzukehren und für seine Rettung zu fasten.

Die Menschen mussten Buße tun, als das Gericht nahte; Juda musste sein Herz mit Gott versöhnen. Das Herz des Volkes Gottes ist der Ort, an dem die Erweckung beginnt. Gott wollte, dass sie ihr Leben und ihren Willen ganz ihm überließen. Eine Erweckung trat ein, als das Volk Buße tat und sich durch Gebet und Fasten demütigte (Joel 1:13-14).

> *„Darum auch jetzt, spricht der Herr, wendet euch zu mir von ganzem Herzen, mit Fasten, Weinen und Klagen: Zerreißt euer Herz und nicht eure Kleider und bekehrt euch zu dem Herrn, eurem Gott; denn er ist gnädig und barmherzig, langsam zum Zorn und von großer Güte, und es reut ihn das Übel. Wer weiß, ob er nicht umkehrt und Buße tut und dem Herrn, eurem Gott, ein Speisopfer und ein Trankopfer zum Segen hinterlässt? Blaset die Posaune in Zion, heiliget ein Fasten, beruft eine feierliche Versammlung: - **Joel 2:12-15**

Als äußeres Zeichen der Trauer und des Kummers ließen die Menschen ihre Gewänder fallen. Aber das war mehr Show als echte Trauer. Gott interessierte sich nicht für Rituale, sondern für das Herz (Psalm 139:23-24). So versprach Gott ihnen Freundlichkeit, Sieg über den Feind, Kühnheit, Fruchtbarkeit, Freude, Segen, Überfluss und Wiederherstellung der Ehre.

Gott versprach ihnen den Heiligen Geist, den er erfüllte, als er an Pfingsten seinen Geist auf die Jünger ausgoss (Apostelgeschichte 2). Der Herr denkt an die, die ihn suchen. Diejenigen, die sich nach ihm sehnen, werden ihn finden. Gott ist daran interessiert, sein Volk reichlich zu segnen. An diesem Tag des Herrn wird Gott seine Feinde vernichten, aber denen, die ihm treu gehorchen, unvergleichlichen Segen bringen.

Wir müssen uns an seine Güte, seine Barmherzigkeit, seine Gegenwart und sein Mitgefühl erinnern. Gott möchte, dass wir mit unserem Ungehorsam aufhören. Da er heilig ist, müssen auch wir heilig sein.

Nehemia, Esra und die Wiederbelebung des Wortes in Juda

Siebzig Jahre nach der Zerstörung des Tempels in Jerusalem durch die Babylonier baute der Statthalter Serubbabel zusammen mit gottesfürchtigen Menschen wie Nehemia den Tempel wieder auf. Nehemia baute auch die Stadtmauern wieder auf und spielte eine wichtige Rolle bei der geistlichen Wiedergeburt. In der Folgezeit führte Esra eine geistliche Erweckung herbei, als er alle Israeliten versammelte und ihnen das Gesetz vorlas (Nehemia 8,9-11).

Er brachte das Volk zur Umkehr, nachdem er erzählt hatte, wie Gott einen Bund mit Abraham schloss, Israel aus Ägypten befreite und ihm das Land Kanaan gab. Esra erzählte auch, wie Israel Gott trotz seiner Güte und Barmherzigkeit untreu gewesen war (Esra 9,3). So verpflichtete sich das Volk erneut, dem Herrn zu dienen (Nehemia 8, 9, 10). Gott vergisst seine Verheißungen nicht, aber einige seiner Verheißungen sind an Bedingungen geknüpft. So hängt zum Beispiel die Verheißung von Wiederherstellung, Heilung, Vergebung und Segen davon ab, dass man demütig und reumütig Gottes Angesicht sucht. Esra berief sich auf die Verheißungen des bundestreuen Gottes. Als Fürbitter müsst ihr Gottes vergangene Taten und seine Treue, zur rechten Zeit kraftvoll zu handeln, im Auge behalten. So beginnt die Erweckung in unseren Herzen, wenn wir unsere Rebellion bereuen.

Haggai und die Erweckung

Im Buch Haggai missfiel es Gott, dass das Volk die Arbeiten am Tempel einstellte und begann, seine eigenen Häuser zu bauen, indem es sagte: „Die Zeit ist noch nicht gekommen, die Zeit, in der das Haus des Herrn gebaut werden soll" (Haggai 1,2). Dies führte dazu, dass Gottes Segen ausblieb. Als Haggai jedoch prophezeite und das Volk ermutigte, setzten sie den Tempelbau fort, weil Gott sie dazu ermächtigte. Daraufhin versprach Gott ihnen seinen Frieden und größere Herrlichkeit als zuvor (Haggai 2,1-23).

Zacharias

In Sacharjas Visionen wehrte sich der Feind gegen Josua, den Hohenpriester, weil er schmutzig war. Doch Gott wechselte seine Kleider und vergab ihm. Sie würden sich jedoch auf Gott verlassen müssen, um den Tempel fertigzustellen. Sacharja prophezeite auch, dass Serubbabel den von ihm begonnenen Tempelbau vollenden würde. Außerdem ermutigte Gott ihn, kleine Anfänge nicht zu verachten, sondern Gottes Wort zu gehorchen (Sacharja 4:7-10).

Erweckungen im Neuen Testament

Gott hat Israel oft von Sünde und Knechtschaft befreit. Aber sie rebellierten weiter und verhöhnten seine Barmherzigkeit oft. Daher waren alle Erweckungen im Alten Testament nur von kurzer Dauer. Das Volk kehrte oft zu seiner Schlechtigkeit zurück, nachdem es eine Zeit lang die Freiheit genossen hatte. Vor allem nach dem Tod des Fürsprechers. Deshalb stellten diese Erweckungen die volle Gemeinschaft zwischen dem Volk und Gott nicht wieder her. Es gab einen ständigen Kreislauf von Niedergang und Erneuerung im Volk Gottes (Richter 2,10-19). Israel litt schließlich unter einer Periode geistlicher Trockenheit, in der es keine offenen Offenbarungen gab, weder durch Prophetie noch durch Visionen oder Träume. Es gab keine Führer außer den Pharisäern, die ein trockenes geistliches Leben führten und viele in die Irre führten. Außerdem leugneten die Sadduzäer die Macht Gottes und glaubten an Rituale. Dennoch gab es Hoffnung auf einen Erlöser. Die alttestamentlichen Die Fürsprecher des Alten Testaments, die einen Vorgeschmack auf den endgültigen Fürsprecher darstellten, sagten das Kommen Christi voraus. Diese Prophezeiungen inspirierten Fürbitter wie Simeon und Anna, für ihre Erfüllung zu beten. Gott bestimmte Johannes den Täufer als Vorläufer, um den Weg für Christus zu bereiten (Mal 3,1-3; Jesaja 40,3-5).

Johannes der Täufer und die Erweckung

Der Prophet Maleachi sagte das Wirken von Johannes dem Täufer voraus. Später sandte Gott den Engel Gabriel, um dem Vater von Johannes, Zacharias, mitzuteilen, dass Gott seine Gebete erhört hatte und er und seine Frau Elisabeth, die alt und unfruchtbar war, einen Sohn namens Johannes bekommen würden. Johannes wird ein großer Mann für den Herrn sein. Als ein Nazarener wird er niemals Wein oder Bier trinken. Noch bevor er geboren wird, wird er mit dem Heiligen Geist erfüllt sein. Er wird vielen Menschen in Israel helfen, zum Herrn, ihrem Gott, zurückzukehren. Johannes selbst wird Jesus vorausgehen und die Menschen auf sein Kommen vorbereiten. Er wird mächtig sein wie Elia und denselben Geist haben. Er wird Frieden stiften zwischen Vätern und ihren Kindern. Er wird die Menschen, die Gott nicht gehorchen, dazu bringen, sich zu ändern.

Johannes musste während seiner Vorbereitung ein eingeschränktes und strenges Leben führen. Er lebte die meiste Zeit seines Lebens isoliert in der Wüste. Dennoch verkündete er mutig das kompromisslose Wort Gottes und legte den Schwerpunkt auf die Umkehr. Johannes der Täufer verkündete das Gericht Gottes über Israel wegen Ungehorsam und unangemessenem Dienst an Gott. Er vollbrachte keine Wunder (Johannes 10,41), aber die Erweckung des Johannes zeigte sich auf folgende Weise:

- Er predigte Bekenntnis und Reue über die Sünde.
- Die Taufe mit Wasser.
- Er verkündete Jesus als den Messias.
- Engagement - Anbetung Gottes durch Jesus.
- Kehren Sie zurück, um Gottes Gesetz zu befolgen.
- Das Ergebnis bringt Freude und Wohlstand.

Also gingen die Juden aus Jerusalem und Judäa hin, um die Worte des Johannes zu hören. Er taufte sie im Jordan, nachdem sie ihre Sünden bekannt hatten. Die Menschen verehrten ihn als einen wahren Propheten Gottes. Er kündigte Jesus an und wies die Menschen stets auf Jesus hin, indem er sagte: „Der nach mir kommt, ist mächtiger als ich." (Matthäus 3,11). Die Menschen wollten gehorsam leben und waren hungrig nach mehr von Gott. So kamen die Menschen zu Johannes und baten ihn um Rat, was sie tun sollten, um gerettet zu werden, und er gab ihnen Ratschläge.

*„Herr Lehrer", fragten sie, „was sollen wir tun?" „Sammelt **nicht mehr, als ihr müsst**", sagte er ihnen. Dann fragten ihn einige Soldaten: „Und was sollen wir tun?" Er antwortete: „Erpresst kein*

*Geld und beschuldigt niemanden zu Unrecht, sondern begnügt euch mit eurem Lohn. " - **Lukas 3:13-14**

Jesus und die Erweckung

Jesus bleibt der letzte Erwecker, der das Herz des Menschen wieder mit Gott vereint hat. Vor seiner Ankunft predigte Johannes der Täufer, dass das Gericht Gottes über die Welt unmittelbar bevorstehe und dass die Menschen umkehren sollten, um gerettet zu werden. Johannes taufte Jesus und stellte ihn später als das Lamm Gottes vor, das die Sünden der Menschheit auf sich nimmt. Johannes erklärte auch, dass Gott seinem Sohn Jesus alles anvertraut hat.

Nachdem Jesus die Versuchungen des Satans besiegt hatte, versammelte er seine Jünger um sich, um sein Werk der Erlösung zu tun. Sein Dienst konzentrierte sich darauf, das Evangelium zu verbreiten und den Menschen Gottes liebevolle Natur zu zeigen, mit Heilungen und Befreiungen, die den Menschen große Freude bereiteten. Die Menschen staunten über seine neue Lehre und gaben Gott die Ehre, dass er den Menschen solche Macht gegeben hatte (Matthäus 9,1-8).

> *„Jesus aber sagte zu ihnen: „Ich muss das Evangelium vom Reich Gottes auch in den anderen Städten verkünden; denn dazu bin ich gesandt worden. " — **Lukas 4:43***

Sein Wirken breitete sich aus, und große Menschenmengen folgten ihm, wohin er auch ging. Er heilte alle Krankheiten und trieb alle Dämonen aus. Er predigte in den Synagogen in ganz Galiläa und Judäa und trieb Dämonen aus. Wohlhabende und einflussreiche religiöse Führer suchten eine Audienz bei Jesus. Doch die Menschenmenge, die Jesus folgte, machte es den Menschen schwer, sich ihm zu nähern. Sein Ruhm verbreitete sich durch diese Wunder in der ganzen Region, und die Pharisäer wunderten sich, dass die ganze Welt hinter ihm her war.

In Samaria: Während Jesus und seine Jünger durch Samaria nach Galiläa reisten, begegnete er einer Samaritischen Frau, die zu einer Erweckung in der Stadt Sychar führte. Während seine Jünger um die Mittagszeit in die Stadt Sychar gingen, um Lebensmittel zu kaufen, saß Jesus, müde von der Reise, am Jakobsbrunnen, und eine Samaritische Frau kam zum Brunnen, um Wasser zu schöpfen. Die Juden hatten die Samariter seit Jahren verabscheut, und so war die Frau überrascht, dass Jesus sie um Wasser bat. Er enthüllte ihren gottlosen Lebensstil, und sie hielt ihn für einen Propheten. Jesus lehrte sie die wahre Anbetung und sagte, dass Gott diejenigen begehrt, die ihn im Geist und in der Wahrheit anbeten. Sie ließ ihr Gefäß am Brunnen zurück und kehrte in die Stadt zurück, wo sie viele Menschen zu Jesus brachte. Als auch die Einwohner von Samaria die Botschaft Jesu hörten, glaubten sie an ihn. Sie baten ihn, bei ihnen zu bleiben, und Jesus blieb ein paar Tage bei ihnen.

> *„28 Da ließ das Weib ihren Wasserkrug stehen und ging hin in die Stadt und sprach zu den Leuten:29 Kommt, seht einen Menschen, der mir alles gesagt hat, was ich je getan habe; ist dieser nicht der Christus? "* — ***Johannes 4:28-29***

Der Auftrag der Apostel: Jesus lehrte seine Jünger und gab ihnen die Vollmacht, andere in seinem Namen zu heilen. Er sandte die Apostel aus, um das Reich Gottes zu predigen, Kranke zu heilen und Dämonen auszutreiben. Er bevollmächtigte auch siebzig andere Jünger, die als Vorauskommando an alle Orte gingen, die er zu besuchen gedachte. Die Jünger kehrten von ihrer Mission zurück und berichteten Jesus von den Wundertaten, die sie an den Menschen vollbracht hatten. Doch Jesus warnte sie, sie sollten sich stattdessen freuen, weil ihre Namen im Himmel seien.

„¹⁷ Und die Siebzig kehrten zurück mit Freuden und sprachen: Herr, auch die Teufel sind uns untertan durch deinen Namen. 18Und er sprach zu ihnen: Ich sah den Satan wie einen Blitz vom Himmel fallen. Siehe, ich gebe euch Macht, zu treten auf Schlangen und Skorpione und über alle Gewalt des Feindes; und nichts wird euch schaden. Freut euch aber nicht darüber, dass euch die Geister untertan sind, sondern freut euch vielmehr, dass eure Namen im Himmel geschrieben sind. " — **Lukas 10:17-20**

Ultimative Erweckung

Gottes ultimative Erweckung für die Menschheit fand statt, als Christus am Kreuz für die Sünden starb und uns mit Gott versöhnte. Der Ort seiner bedingungslosen Liebe und seines selbstlosen Opfers für die gefallenen, unverdienten Sünder.

„Darin besteht die Liebe: nicht dass wir Gott geliebt haben, sondern dass er uns geliebt und seinen Sohn gesandt hat zur Versöhnung für unsere Sünden" — **1 Johannes 4:10**

Am Kreuz hat Jesus Christus, das Lamm Gottes, durch sein Opfer für unsere Sünden gebüßt (1. Johannes 2,2). Gottes Zorn richtet sich gegen all unsere Gottlosigkeit und Ungerechtigkeit, denn der Lohn für unsere Sünden und unsere Rebellion gegen Gott ist der Tod. Jesus nahm und trug alle unsere Sünden, Verdammnis und die Folgen unserer Sünden. Der heilige Sohn erfüllte die Bedingung und bot der Menschheit volle Vergebung und ewiges Leben an. Der Mensch ist hilflos und kann sich Gottes Liebe oder Akzeptanz nicht durch Selbstgerechtigkeit oder Anstrengung verdienen, denn wir sind alle wie unreine Dinge, und all unsere Gerechtigkeit ist wie schmutzige Lumpen. So hat er die Kluft zwischen dem heiligen Gott und dem sündigen Menschen durch Vergebung, Barmherzigkeit und Frieden überbrückt.

Als Jesus am Kreuz seinen letzten Atemzug tat, fiel die Finsternis herab, die Erde bebte, Felsen spalteten sich, und die Toten wurden auferweckt. Er besiegte den Teufel und übernahm die Herrschaft über die Hölle. Dadurch hat er die Macht der Sünde in unserem Leben besiegt (1. Johannes 3:16).

Folglich befreite er die Menschheit von der Knechtschaft der Sünde und Satans. Der Fluch des Gesetzes wurde am Kreuz zerstört, die Macht der Sünde über uns gebrochen und die alte sündige Natur wurde am Kreuz ausgelöscht - und damit Gottes Barmherzigkeit, Vergebung, Heilung, Befreiung und Segen für den Menschen freigesetzt.

Der Heilige Geist und die Erweckung

Joel prophezeite die Ausgießung des Heiligen Geistes über alles Fleisch in den letzten Tagen (Joel 2,28-32). Johannes der Täufer taufte die Juden mit Wasser zur Vergebung der Sünden. Aber er sagte Israel, dass Jesus sie mit dem Heiligen Geist und mit Feuer taufen würde". (Matthäus 3:11).

Nach seiner Auferstehung sagte Jesus den Seinen, sie sollten Jerusalem nicht verlassen, bis der Vater seine Verheißung gesandt habe, die, wie Jesus sagte, eine Taufe mit dem Heiligen Geist sei, um sie zu befähigen, seine Mission in der ganzen Welt zu erfüllen. Am Pfingsttag, einem Tag, an dem Israel die ersten Früchte der Weizenernte feierte, 50 Tage nach dem Passahfest, als viele Jünger beteten, kam der Geist auf sie (Apg 1,4-5; 2,33).

> *„ ¹ Und als der Pfingsttag vollendet war, waren sie alle einmütig an einem Ort. ²Und es geschah plötzlich ein Brausen vom Himmel wie von einem gewaltigen Wind, und es erfüllte das ganze Haus, in dem sie saßen. ³Und es erschienen ihnen gespaltene Zungen wie von Feuer, und es setzte sich auf einen jeden von ihnen. ⁴Und sie wurden alle mit dem Heiligen Geist erfüllt und fingen an, in anderen Sprachen zu reden, wie der Geist ihnen eingab. "* —
> **Apostelgeschichte 2,1-4**

Während sie in anderen Sprachen redeten, konnten gläubige Juden und andere Menschen aus anderen Nationen sie in ihren Fremdsprachen verstehen (Apostelgeschichte 2,6). Dieses wundersame Zeichen versetzte einige Menschen in Erstaunen, während andere sie als Betrunkene verspotteten (Apg 2,13-14). Dann sprach Petrus, erfüllt vom Heiligen Geist, über Christus und wandte sich an die Menge, um sie zu erlösen. Daraufhin taten die Menschen wahrhaftig von Herzen Buße. An diesem Tag gewannen sie etwa dreitausend Menschen für Christus. Außerdem entwickeln die Gläubigen eine Leidenschaft für die Seelen und eine tiefe Sorge um die Verlorenen. Das fürbittende Gebet hat einen enormen Einfluss auf die Evangelisation. Die Predigt des Petrus war völlig anders, nachdem sie den

Heiligen Geist empfangen hatten. Seine Predigt durchdrang ihre Herzen und löste eine sofortige Reaktion der Menge aus. Etwa dreitausend Menschen wurden an diesem Tag gerettet und getauft (Apostelgeschichte 2:37-42).

*„Darum soll das ganze Haus Israel wissen, dass Gott denselben Jesus, den ihr gekreuzigt habt, zum Herrn und Christus gemacht hat. [37]Als sie aber das hörten, wurden sie in ihrem Herzen erschüttert und sprachen zu Petrus und den übrigen Aposteln: Ihr Männer, liebe Brüder, was sollen wir tun? [38]Petrus aber sprach zu ihnen: Tut Buße und lasse sich ein jeglicher taufen auf den Namen Jesu Christi zur Vergebung der Sünden, so werdet ihr empfangen die Gabe des Heiligen Geistes. so werdet ihr die Gabe des Heiligen Geistes empfangen. [39]Denn die Verheißung gilt euch und euren Kindern und allen, die in der Ferne sind, so viele der Herr, unser Gott, rufen wird. [40]Und mit vielen anderen Worten bezeugte und ermahnte er und sprach: Rettet euch vor diesem unheilvollen Geschlecht! [41]Da ließen sich taufen, die sein Wort gern annahmen; und an demselben Tage wurden ihnen etwa dreitausend Seelen zugerechnet. [42]Und sie blieben beständig in der Lehre der Apostel und in der Gemeinschaft und im Brechen des Brotes und in den Gebeten.“ — **Apostelgeschichte 2:36-42***

Danach sprachen sie über die wunderbaren Dinge, die Gott getan hatte, während sie halfen, das Evangelium weltweit zu verbreiten. Die Erweckung verbreitete sich im gesamten Römischen Reich, unter Juden und Heiden, trotz schwerer Verfolgung durch verschiedene Gruppen: Juden, religiöse Führer und Heiden.

Philippus' Erweckung in Samaria

Die Erweckung in Samaria war Teil des Auftrags, den Jesus den Jüngern gegeben hatte, das Evangelium zu verbreiten, zunächst in Jerusalem und Judäa, dann in Samaria und bis in den letzten Winkel der Welt. Außerdem trug die Verfolgung der Gläubigen in hohem Maße zur Verbreitung des Evangeliums bei. Die Verfolgung in Jerusalem veranlasste Philippus dazu, nach Samaria zu gehen, um das Evangelium zu verkünden. Die Menschen waren bereit, als Philippus mit seiner Botschaft ankam. Gott bestätigte Philippus' Verkündigung mit Zeichen und Wundern. Ein Zauberer, Simon, bekehrte sich und ließ sich anschließend taufen.

> *„Denn unreine Geister fuhren mit lautem Geschrei aus vielen Besessenen, und viele Gichtbrüchige und Lahme wurden gesund. Und es war eine große Freude in der Stadt." — **Apostelgeschichte 8,7-8***

Die Apostel in Jerusalem schickten Petrus und Johannes nach Samaria, als sie hörten, dass Samaria das Evangelium angenommen hatte. Nach ihrer Ankunft in Samaria beteten die Apostel für die neuen Gläubigen, damit sie den Heiligen Geist empfangen.

Der Kämmerer und Philippus

Philippus gehorchte einem Engel und machte sich auf den Weg zu einer einsamen Wüstenstraße. Der Heilige Geist forderte ihn auf, sich einem äthiopischen Eunuchen anzuschließen, als er ihm begegnete. Philippus predigte dem Eunuchen, der die Schriften las, ohne sie zu verstehen. Er taufte den Eunuchen, nachdem er Jesus als seinen Herrn angenommen hatte, und der Eunuch ging voller Freude weg. Philippus fand sich in der Stadt

Azotus wieder. Er predigte das Evangelium dort und in allen Dörfern an der Küste bis nach Cäsarea (Apostelgeschichte 8,26-40).

Wiederbelebung im Haus von Cornelius

Als Kornelius eine Vision sah, gehorchte er der Botschaft des Engels von Gott. Er sandte sofort drei Männer aus, um Petrus aufzufordern, in sein Haus zu kommen. Kornelius versammelte seine Verwandten und Bekannten, um die Botschaft des Petrus zu hören, in der Erwartung, dass sie mit Petrus zurückkehren würden. Gott befahl auch Petrus, zu Kornelius zu gehen, obwohl dieser ein Heide war. Nach den anfänglichen Formalitäten zwischen Petrus und Kornelius kam der Heilige Geist auf alle herab, die Petrus zuhörten, als er das Evangelium von Christus verkündete. Er blieb mehrere Tage lang, lehrte und verbreitete das Leben und Wirken Jesu. Kornelius und seine Leute wurden gläubig (Apostelgeschichte 10,1-48).

Paulus und die Erweckung der Heiden

Paulus und andere Jünger wie Barnabas, Silas, Johannes Markus, Lukas und Timotheus begaben sich auf Missionsreisen, die Juden und Heiden in Antiochia, Athen, Korinth, Ephesus, Ionium und vielen anderen Städten Erweckung brachten. Eine große Erweckung fand zum Beispiel in einem Gefängnis in Philippi statt, als Paulus und Silas in ihrer Not Gott lobten. Die Behörden hatten sie ins Gefängnis geworfen, weil sie für eine von Dämonen besessene Frau gebetet hatten deren Herren mit ihrer Wahrsagerei Geld verdienten. Die Herren waren wütend, weil sie ihren Lebensunterhalt durch die Wahrsagungen der Frau verloren hatten. Deshalb zeigten sie Paulus und Silas beim Richter an, der sie ins Gefängnis steckte. Aber als Paulus und

Silas um Mitternacht beteten und Gott lobten, verursachte Gott ein Erdbeben, und alle Gefängnistüren öffneten sich. Der Gefängniswärter befürchtete, dass die Gefangenen geflohen waren, und wollte sich umbringen, aber Paulus versicherte ihm, dass alle noch da waren. Dann fragte er, wie er gerettet werden könne, und nachdem Paulus gepredigt hatte, kamen er und seine Familie zum Glauben (Apostelgeschichte 16,16-34).

Dennoch musste Paulus viele Verfolgungen erdulden, weil er das Evangelium verkündete. In Lystra zum Beispiel beteten Paulus und Barnabas für einen Behinderten, aber einige Juden stifteten die Leute an, Paulus zu steinigen und schleppten ihn aus der Stadt, weil sie ihn für tot hielten (Apostelgeschichte 14,9-28).

Der Bedarf an Fürsprechern

Die Welt fährt fort, an Gottes Schöpfung herum zupfuschen, einschließlich der göttlichen Werte, die der Herr zu unserem Nutzen geschaffen hat. Wir haben uns von Gottes Standards, die er für die Menschheit festgelegt hat, entfernt.

Die Bibel sagt, in der Endzeit wird die Liebe vieler erkalten, und die Menschen werden begehrlich und prahlerisch sein, Verräter, hochmütige Lästerer, anstatt zu Christus aufzuschauen. Infolgedessen werden auch viele vom Glauben abfallen. Wir haben zum Beispiel das von Gott eingesetzte Familiensystem entwürdigt, um es unseren gottlosen Begierden und Wünschen anzupassen. Die Gesellschaft hat den menschlichen Körper, der nach dem Ebenbild Gottes geschaffen wurde, durch alle Arten von Gottlosigkeit abgewertet. Traurigerweise nennen wir die Erleuchtung. Auch der Mensch hat Gottes Schöpfung aus Habgier und Machtgier entwürdigt. Die Gewässer, die Vegetation und die Luft sind durch unser Streben nach mehr Reichtum und Macht verschmutzt worden. Die Menschen gehen ohne Hoffnung zugrunde. Aber es gibt Hoffnung und Frieden, wenn wir Christus in unser Herz aufnehmen. Gott schenkt uns Gnade, wenn wir umkehren. Ohne Umkehr kann es keine Erweckung geben. Auch gibt es keine Vergebung der Sünden und kein ewiges Leben für diejenigen, die sich von Gott entfernt haben. Das Vertrauen auf das Fleisch und den menschlichen Verstand ohne Christus führt nicht zur Ermächtigung durch Gott.

Deshalb müssen sich die Fürbitter erheben und in die Lücke für die Erweckung in unseren Gesellschaften treten. Erweckung wird diejenigen zurückbringen, die vom Herrn abgewandert sind. Familienbeziehungen können wiederhergestellt werden, und die Einheit der Kirche kann wiederhergestellt werden, indem die Gesellschaft aus ihrer Apathie aufgeweckt wird. Wenn die heiligen Gefäße Gottes unbestechlich für uns eintreten, bringt die neue Hoffnung, neuen Glauben und ein größeres Gefühl der Einheit und Liebe. Amen!

Schlussfolgerung

Brüder, wir sind hier am Ende unseres Weges, auf dem wir anstelle des Gebets in die Bresche gesprungen sind und Gott um seine Barmherzigkeit gebeten haben, um andere wiederherzustellen; Gott hatte durch Jesus eingegriffen, um die Gemeinschaft wiederherzustellen. Sie haben gelernt, dass die Fürbitte eine Anregung von Gott ist. Er bestimmt die Bedingungen für Fürbittgebete.

Wir haben sehr deutlich gemacht, dass Gott seine überreiche Barmherzigkeit ausgegossen und Jesus bereits vorherbestimmt hatte, anstelle des Gebets in die Lücke zu treten, bevor Adam und Eva im Garten Eden rebellierten. Jesus hatte den Auftrag, um Gottes Barmherzigkeit zu bitten, den Menschen inmitten von Elend und Trennung wiederherzustellen und ihn mit Gott zu versöhnen. Sie erinnern sich auch daran, dass Gott vor Jesus Fürbitte einlegte, um die Beziehung zwischen Gott und Mensch wiederherzustellen. So weihte er nur einige wenige rechtschaffene Männer wie Abraham, Mose und das levitische Priestertum, die das Privileg hatten, in seine Gegenwart einzutreten, für Sünden zu büßen und für sein Volk zu beten. Einige Priester verletzten jedoch ihre Vereinbarungen mit Gott und erfüllten ihre Pflichten schlecht. Sie misshandelten ihre Frauen, die Witwen, die Vaterlosen und die Bedürftigen. Mehr noch, sie unterdrückten Fremde, verweigerten die Gerechtigkeit, betrogen die Menschen, die zu Hilfe gerufen wurden, und wurden unwirksam, und Gott züchtigte sie und ehrte diejenigen, die gehorchten.

Als Jesus zur rechten Zeit erschien, trat er für uns ein, indem er am Kreuz für unsere Sünden sühnte und uns mit Gott versöhnte. Er hat auch jeden Gläubigen zum Priester gemacht. Daher ist es ein Gebot für alle Menschen, bei allen Gelegenheiten ohne Unterlass im Geist zu beten, im Gegensatz zum Alten Testament, wo nur einige wenige Auserwählte den Auftrag hatten, zu Gott zu beten. Daher ist die Fürbitte für den Leib Christi in der heutigen christlichen Gesellschaft immer noch relevant. Gott stellt den Glauben an ihn in schwierigen Zeiten wieder her, wenn wir Fürsprache einlegen. Jesus hat den Preis für unsere Erlösung bezahlt, aber die Menschheit versinkt in der Finsternis. Deshalb möchte Gott, dass wir aufstehen und für andere Fürsprache einlegen. Es betrübt Gott, wenn wir es vernachlässigen, für andere zu beten. Die Fürbitte ist ein Kanal, durch den Gott Segnungen freisetzt. Gott zerstört die Pläne des Feindes, wenn wir Fürsprache einlegen.

Außerdem sucht Gott heute Fürsprecher, da alle Christusgläubigen zum Dienst der Fürbitte berufen sind. So haben in der Geschichte viele Fürbitter für die Menschen zu Gott gebetet. Die Propheten, Priester, Jesus, die Apostel, die ersten Gläubigen und die Kirche haben Fürbitte geleistet. Deshalb müssen alle Gläubigen in der Lücke stehen und für andere beten.

Als die Gläubigen von heute und die Fürsprecher von morgen müssen Sie im Gebet für andere in die Bresche springen. Wir haben den Heiligen Geist als unseren Helfer, um vor Gottes Thron zu treten, zu bereuen und unsere Sünden zu bekennen und in Demut um Vergebung für die Gemeinschaften zu bitten.

Darüber hinaus müssen die Fürbitter Ehrengefäße sein, die gottgefällige Züge besitzen. Gott setzt immer den Maßstab für seine Diener, denn niemand kann sich dem heiligen Gott mit Unreinheit nähern. Deshalb weiht und salbt er Menschen, um ihn zu ehren. Er wünscht sich auch ein demütiges Herz, Gehorsam und Treue in der Anbetung. Die levitischen Priester hatten gottgefällige Eigenschaften, aber sie wiesen auch Schwächen auf.

Aber der ultimative Fürsprecher, Jesus, war der einzige perfekte Fürsprecher. Er ist auch das sündlose Gefäß, das Satan besiegt hat. Liebe, Frieden, Barmherzigkeit, Geduld und Gehorsam waren Eigenschaften, die er in seinem irdischen Dienst an den Tag legte. Er hat jeden Gläubigen mit dem Geist bevollmächtigt, ein heiliges Leben zu führen und geistliche Früchte zu tragen.

Das Gebet hat Prinzipien, daher hatten Priesterschaften mit Fürbittfunktion ein Gebetsmodell. Gott gab Mose das Modell für das gesamte Priestertum Israels im Alten Testament. Die Priester hatten den Auftrag, mit Opfern und Gaben vor Gott zu dienen. Der Hohepriester stand in der Lücke und sühnte im Tempel für die Sünden der Unreinheit. Dennoch konnte das Tierblutopfer die Priester und Israel nicht von Ungerechtigkeit reinigen.

So wusch Jesus, der ewige Hohepriester, die Menschheit von ihren Sünden rein - etwas, das die Blutopfer der levitischen Priester nicht bieten konnten. Er gab ihnen die Möglichkeit, in Gottes Gegenwart zu leben, geistige Opfer des Lobpreises darzubringen und eine innige Gemeinschaft mit ihm zu genießen. Jesus erfüllte alle diese Anforderungen im Neuen Testament, als er die Sünden der Menschheit und sich selbst mit seinem Blut sühnte. Jesus wurde der große Hohepriester und der letzte Fürsprecher. Er rechnete allen

Gläubigen seine Gerechtigkeit zu und gab ein perfektes Modell für das Gebet, das Lobpreis, Sündenbekenntnis, Danksagung und privates Bittgebet umfasst, das den Eingebungen des Heiligen Geistes gemäß der Vorbestimmung folgt.

Als größter Segen für den Menschen muss das Gebet ohne Hindernisse wie Götzendienst, Ungehorsam, Unglaube, Erpressung, gottloses Familienleben, Ungeduld, Beleidigungen und uneingestandene Sünden erhört werden. Wir haben auch festgestellt, dass einige alttestamentliche Priester keine Ehrfurcht vor Gott zeigten, indem sie unvollkommene Opfer darbrachten und ihre Frauen und die weniger Privilegierten in ihrer Mitte misshandelten, so dass sie keine wirksamen Fürsprecher waren. Jesus, der Hohepriester und der ultimative Fürsprecher, gehorchte Gott und erhielt Antworten auf seine Gebete. Jesus warnte seine Jünger vor den verdammenswerten Sünden wie Unglaube, Beleidigung und vielen anderen, die Gebete unerhört machen. Deshalb müssen diese identifizierten Hindernisse gebeichtet und beseitigt werden.

Wir setzen uns auch für die Erweckung ein. Wie die Bibel sagt, wird in diesen letzten Tagen die Liebe vieler erkalten, und die Menschen werden begehrlich und hochmütig sein. Sie werden Verächter des Guten sein, Verräter, hochmütige Lästerer, an ihrem eigenen Leben interessiert, stolz auf ihre materiellen Leistungen, anstatt zu Christus aufzuschauen. Auch sie werden vom Glauben abfallen. Noch viel mehr Menschen haben die Form der Frömmigkeit, verleugnen aber die Kraft.

Darüber hinaus bedeutet ein Leitfaden für die Fürbitte, dass wir uns alle erheben und in Bekenntnis und Reue konkret werden müssen, um unsere Herzen auf die Bewegung des Geistes Gottes im Gebet vorzubereiten. Das Vertrauen auf das Fleisch und den menschlichen Verstand ohne Heiligkeit und Reinheit führt jedoch nicht zu einer Ermächtigung durch Gott. Wir müssen ernsthaft um die genaue Verkündigung der Heiligen Schrift mit der vollen Kraft des Geistes für unsere Seelen beten. Wir legen Fürbitte für alle nach dem Herzen Gottes ein. Die Fürbitter müssen um die Kühnheit bitten, das Wort zu verkünden, denn bevollmächtigte Seelen bringen Erweckung und Kraft. Gottes Absicht ist es, seine Gefäße mit heiligem Mut, inbrünstigem Gebet und der Heiligen Schrift zu erfüllen. Wir können diejenigen, die sich verirrt haben, zurück in den Schoß des Herrn bringen. Die Gesellschaft kann aus ihrer Apathie aufgeweckt werden und die Beziehungen zwischen den Familien und die Einheit der Kirche wiederherstellen.

Gott segne Sie für die Lektüre dieses Buches. Ich hoffe, Sie haben es genossen. Denken Sie daran, die Lektionen, die Sie gelernt haben, in die Praxis umzusetzen. Amen.

ÜBER DEN AUTOR

Henry R. Darko ist ein wiedergeborener Christ, der glaubt, dass Gott durch seinen Sohn Jesus den Menschen die volle Gemeinschaft mit dem Vater zurückgegeben hat. Henry ist daher sehr leidenschaftlich, die Liebe Gottes zu lehren, um Menschen zu helfen, ein verändertes Leben zu führen. In seiner Botschaft geht es darum, die Probleme in unserem Leben an der Wurzel zu packen, die dazu beitragen, dass unsere Beziehung zu Gott und zu anderen Menschen zerbricht.

Henry hat persönliche erfahre   nagen mit den im Buch angesprochenen Themen gemacht, aber Gott war treu und barmherzig bei seiner vollständigen Wiederherstellung. Er hat in verschiedenen Funktionen im Leib Christi gedient und gewirkt, aber seine Leidenschaft gilt dem Lehren, der Anbetung, dem Gebet und der Fürbitte. Henry hat einen Magister der Naturwissenschaften in Kommunikationstechnik von der Universität Duisburg Essen, Deutschland. Außerdem erwarb er einen Bakkalaureus der Naturwissenschaften in Mathematik an der Universität für Wissenschaft und Technik, Kumasi Ghana. Er begann seine berufliche Laufbahn am Tamale Polytechnische Hochschule. Später arbeitete er für den Sozialversicherung und Nationale Versicherungskasse Ghana und dann für ein IT-Unternehmen in den Niederlanden. Er hat Israel, das Vereinigte Königreich und Belgien und in Simbabwe, Deutschland und den Niederlanden gelebt. Henrys inbrünstiges Gebet ist, dass der Heilige Geist Ihnen bei der Lektüre dieses lebensverändernden Buches dienen möge.